井上実佳
・
川口智恵
・
田中［坂部］有佳子
・
山本慎一

編著

国際平和活動の理論と実践

南スーダンにおける試練

法律文化社

まえがき

　本書は、国際社会において平和の構築と定着を目指して取り組まれている「国際平和活動」(International Peace Operations) に焦点を当てる。これからこの分野の学習や研究の道に進もうとする人への手引書を目指すとともに、南スーダンにおける複合的危機の事例を素材に国際平和活動の実践を分析した研究書でもある。本書の第Ⅰ部はイントロダクションとして、第1章で本書に通底する国際平和活動の基本概念の見取り図を描き、本書の問題関心や研究の射程がどこにあるのかを明らかにする。次に第2章では、本書が事例として扱う南スーダンの複合的危機と国際平和活動の展開について取り上げる。

　続いて第Ⅱ部で扱う各章は、大きく2つの視点で構成されている。まず、国際平和活動の研究アプローチとして、法学、政治学、国際組織研究、政策研究と、専門を異にする編著者が、それぞれの学問分野から国際平和活動を捉え、当該分野の先行研究の紹介とともに、方法論的観点から分析枠組みを提示して考察した内容が盛り込まれている。さらに各章の後半は、各研究アプローチを南スーダンの複合的危機の事例に当てはめて分析し、アクター間協力における課題を提示した内容で構成されている。それぞれの研究分野における推奨図書や、ディスカッションポイントとして確認問題と発展問題が挙げられているので、独学はもちろん、グループ学習や授業でも活用可能な構成になっている。国際平和活動に関心を寄せる研究者はもとより、これから本分野の研究を進めようとする読者が、本書で示された各研究アプローチにおける分析枠組みを参考に、研究上のヒントや学際的な知見を活用して新たな研究上の視座が得られる道標となるように執筆されたものである。

　第Ⅲ部は結論部として第7章の中で、第Ⅱ部で各編著者が論じてきた内容を統合し、学際研究を通じて得られた国際平和活動の課題と展望を整理したものである。第Ⅰ部から順に読み進めていくほかに、まず第Ⅰ部と第Ⅲ部に目を通した上で、第Ⅱ部の各章の読解を進めても内容の理解は可能である。

　各編著者の担当章の中で、特に南スーダンの事例に関連した箇所は、日本国

際政治学会2017年度研究大会・安全保障分科会Ⅱ「複合的危機への対応をめぐるアクター間協力―南スーダンを事例に」において提出した報告ペーパーおよび発表内容を基に、その後も編著者同士で議論を重ねて大幅に加筆修正したものが基盤となっている。

　本書はさらにコラムとして、第Ⅰ部に3本、第Ⅱ部に2本の論考を収録している。第Ⅰ部のコラムは、「人道支援における組織間調整―WFPの経験をもとに」（忍足謙朗・国連日本WFP協会）、「南スーダンとPKO―アクター間協力の現場から」（石川直己・UNMISS）、「日本外交からみた南スーダンと国際平和活動」（紀谷昌彦・元南スーダン大使）の3本を収録している。忍足氏のコラムは湯浅拓也氏（流通経済大学）によるインタビュー形式で実施したものをまとめたものであり、WFP職員としてスーダン事務所を含め各地で緊急人道支援に関わった経験を基に、国際平和活動の実践的観点から話していただいた。石川氏のコラムでは、UNMISSでミッション計画官を務めた経験を基に、アクター間協力の現場について解説と課題を提示していただいた。紀谷氏のコラムでは、南スーダン大使を務めた経験を基に、日本外交にとっての南スーダンと日本の貢献実績を解説していただいた。

　第Ⅱ部は、「国際平和活動を研究する①計量分析と統計・データによる実証／統計分析」（久保田徳仁・防衛大学校）、「国際平和活動を研究する②歴史研究と資料（史料）」（村上友章・流通科学大学）の2本を収録し、国際平和活動の研究アプローチとして各章では十分に扱えなかった分析手法について、国際平和活動の分野に造詣の深い第一線の研究者に寄稿していただいた。いずれのコラムも各分野で豊富な実務経験と学識経験を有する方々の協力によって実現したものであり、編著者一同、この場を借りてあらためて感謝を申し上げたい。

　本書の位置づけは、『国際平和活動における包括的アプローチ―日本型協力システムの形成過程』［山本慎一・川口智恵・田中（坂部）有佳子編著、内外出版、2012年］で示した概念や分析枠組みを引き継ぎつつ、その後の事態の進展を踏まえて井上実佳を加えた4名の編著者が考察を深め、前述した本書のねらいから、教科書と研究書の両面を併せ持った書籍である。上記書籍と本書が公刊されるまでの間には、『世界に向けたオールジャパン―平和構築・人道支援・災害救援の新しいかたち』［上杉勇司・藤重博美・吉崎知典・本多倫彬編、内外出版、

2016年］と『国際平和協力入門—国際社会への貢献と日本の課題』［上杉勇司・藤重博美編著、ミネルヴァ書房、2018年］が刊行された。いずれも日本の国際平和協力のあり方を問い、学会や研究会で何度も意見交換を重ねたメンバーによる書籍であり、本書の問題意識と共通する部分もあるため、併せて参照されたい。

　2020月1月

編著者一同

略語一覧

略語	正式名称（原語）	日本語
ACPP	African Conflict Prevention Pool	アフリカ紛争予防基金
APPG	All Party Parliamentary Group for Sudan and South Sudan	スーダン・南スーダンに関する超党派議員グループ（英国）
ARCSS	Agreement on the Resolution of the Conflict in South Sudan	南スーダンにおける衝突の解決に関する合意
AU	African Union	アフリカ連合
BSOB	Buildling Stablity Overseas Board	海外安定構築協議
BSOS	Building Stability Overseas Strategy	海外安定構築戦略
CP	Cooperating Partner	食糧供給パートナー（WFP）
CPA	Comprehensive Peace Agreement	包括的和平合意
CSCE	Conference on Security and Cooperation in Europe	全欧安全保障協力会議
CSSF	Conflict, Stability and Security Fund	紛争・安定・治安基金
CTSAMM	Ceasefire and Transitional Security Arrangements Monitoring Mechanism	停戦・移行期治安協定監視メカニズム
DDR	Disarmament, Demobilization and Reintegration	武装解除・動員解除・社会復帰
DFID	Department for International Development	国際開発省（英国）
DFS	Department of Field Support	フィールド支援局（国連）
DOS	Department of Operational Support	オペレーション支援局（国連）
DPA	Department of Political Affairs	政治局（国連）
DPKO	Department of Peacekeeping Operations	平和維持活動局（国連）
DPO	Department of Peace Operations	平和活動局（国連）
DPPA	Department of Peacebuilding and Political Affairs	政治・平和構築局（国連）
DSRSG	Deputy Special Representative of the Secretary General	副事務総長特別代表
ECOWAS	Economic Community of West African States	西アフリカ諸国経済共同体

EU	European Union	欧州連合
FAO	Food and Agriculture Organization of the United Nations	国連食糧農業機関
FCO	Foreign and Commonwealth Office	外務省（英国）
GoNU	Government of National Unity	国民統一政府
GoSS	Government of South Sudan	南部スーダン政府
HC	Humanitarian Coordinator	人道調整官
IAP	UN Integrated Assessment and Planning	統合評価・計画指針（国連）
ICRC	International Committee of the Red Cross	赤十字国際委員会
IGAD	Inter-Governmental Authority on Development	政府間開発機構
IMPP	UN Integrated Missions Planning Process	統合ミッション計画プロセス（国連）
INCAF	International Network on Conflict and Fragility	紛争と脆弱性に関する国際ネットワーク
ISF	Integrated Strategic Framework	統合戦略枠組み
JACS	Joint Analysis of Conflict and Stability	紛争と安定のための共同分析
JAM	Joint Assessment Mission	南北スーダン復旧・復興計画のための合同評価ミッション
JICA	Japan International Cooperation Agency	国際協力機構（日本）
JMC	Joint Military Commission	共同軍事委員会
JMEC	Joint Monitoring and Evaluation Commission	共同監視評価委員会
MDTF	Multi-Donor Trust Fund	スーダン復興信託基金
MoD	Ministry of Defence	国防省（英国）
NATO	North Atlantic Treaty Organization	北大西洋条約機構
NCP	National Congress Party	国民会議党
NGO	Non-governmental Organization	非政府組織
NSC	National Security Council	国家安全保障会議
NSS	National Security Strategy	国家安全保障戦略
OAU	Organization of African Unity	アフリカ統一機構

OCHA	UN Office for Coordination of Humanitarian Affairs	人道問題調整事務所（国連）
ODA	Official Development Assistance	政府開発援助
OECD	Organisation for Economic Cooperation and Development	経済協力開発機構
OLS	Operation Lifeline Sudan	スーダン生命作戦
PBSO	Peacebuilding Support Office	平和構築支援事務所（国連）
PCRU	Post-Conflict Reconstruction Unit	紛争後復興ユニット（英国）
PKO	Peacekeeping Operations	平和維持活動
PoC	Protection of Civilians	文民保護
PRT	Provincial Reconstruction Team	地方復興開発チーム
QIP	Quick Impact Project	即効事業
RAMSI	Regional Assistance Mission to Solomon Islands	ソロモン諸島地域支援ミッション
R-ARCSS	Revitalized Agreement on the Resolution of the Conflict in South Sudan	南スーダンにおける衝突の解決に関する再活性化された合意
RC	Resident Coordinator	常駐調整官
S/CRS	the Office of the Coordinator for Reconstruction and Stabilization	復興と安定化のためのコーディネーターオフィス
SDGs	Sustainable Development Goals	持続可能な開発目標
SDSR	Strategic Defence and Security Review	戦略的防衛と安全保障レビュー
SPLM/A	Sudan People's Liberation Movement/Army	スーダン人民解放運動／スーダン人民解放軍
SPLM-IO	Sudan People's Liberation Movement-in-Opposition	スーダン人民解放運動・反体制派
SRSG	Special Representative of Secretary General	事務総長特別代表
SSDP	South Sudan Development Plan	南部スーダン開発計画
SSR	Security Sector Reform	治安部門改革
SU	Stabilisation Unit	安定化ユニット
TICAD	Tokyo International Conference on African Development	アフリカ開発会議
UNAMIS	United Nations Advance Mission in Sudan	国連スーダン先遣ミッション

UNCT	UN Country Team	国連カントリー・チーム
UNDP	United Nations Development Programme	国連開発計画
UNHCR	The Office of the United Nations High Commissioner for Refugees	国連難民高等弁務官事務所
UNICEF	United Nations Children's Fund	国連児童基金
UNISFA	United Nations Interim Security Force for Abyei	国連アビエ暫定治安部隊
UNMIK	United Nations Mission in Kosovo	国連コソボ暫定行政ミッション
UNMIS	United Nations Mission in Sudan	国連スーダンミッション
UNMISS	United Nation Mission in the Republic of South Sudan	国連南スーダン共和国ミッション
UNOPS	United Nations Office for Project Services	国連プロジェクトサービス機関
UNOSOM II	United Nations Operation in Somalia II	第二次国連ソマリア活動
UNTAC	United Nations Transitional Authority in Cambodia	国連カンボジア暫定統治機構
UNTAET	United Nations Transitional Administration in East Timor	国連東ティモール暫定行政機構
USAID	United States Agency for International Development	米国国際開発庁
VMT	Verification and Monitoring Team	検証・監視チーム
WFP	United Nations World Food Programme	国連世界食糧計画

地図1 南スーダン共和国

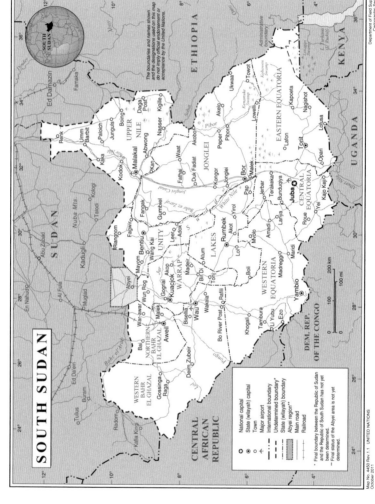

出所 国連本部 (https://www.un.org/Depts/Cartographic/map/profile/southsudan.pdf)

viii

地図2　アフリカ大陸

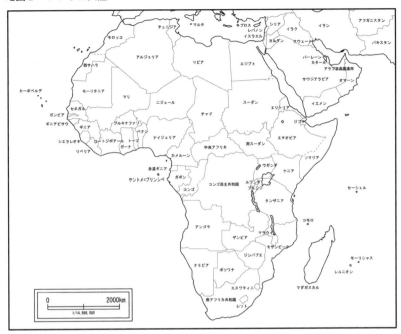

出所　白地図専門店（freemap.jp）

地図3　　南スーダン共和国の近隣国

出所　外務省ホームページ

（http://www.mofa.go.jp/mofaj/area/s_sudan/index.html）

南スーダン年表

年　月	出　来　事
1899年	英国とエジプトによるスーダンの共同統治
1955年	第1次内戦勃発
1956年1月	スーダン共和国独立
1972年3月	第1次内戦終結　南部スーダンに南部政府を設置
1983年1月	第2次内戦勃発
1989年6月	軍事クーデターによるバシール軍事政権成立
2003年2月	ダルフール紛争勃発
2005年1月	南北包括的和平合意（CPA）締結、国連スーダンミッション（UNMIS）設置
2011年1月	南部スーダンの帰属を問う住民投票実施
7月	南スーダン共和国独立、国連南スーダン共和国ミッション（UNMISS）設置
2013年12月	首都ジュバにて大統領警護隊同士の衝突
2015年8月	「南スーダンにおける衝突の解決に関する合意」署名
2016年4月	国民統一暫定政府設立
2016年7月	首都ジュバにおけるキール大統領派とマシャール第一副大統領派の武力衝突
2017年5月	キール大統領による国民対話の開始と一方的敵対行為停止宣言
2017年12月、2018年2月、5月	IGADによるハイレベル再活性化フォーラム開催
2018年6月	南スーダン関係者が恒久的停戦を含むハルツーム宣言を採択
2018年8月	南スーダン関係者が暫定政府の体制に合意
2018年9月	「南スーダンにおける衝突の解決に関する再活性化された合意（Revitalized Agreement on the Resolution of the Conflict in South Sudan：R-ARCSS）」署名

出所：川口智恵作成

参考　外務省HP「南スーダン共和国基礎データ　略史」
（https://www.mofa.go.jp/mofaj/area/s_sudan/data.html#section 1）

目　　次

I　イントロダクション

Ⅱ　国際平和活動の研究アプローチと事例分析

Ⅲ　結論部

図表一覧

I
イントロダクション

イントロダクションは本書の基盤となる2つの章で構成される。
第1章では、本書の問いや問題関心、用語・概念を説明する。続く
第2章では、本書で取り上げる南スーダンについて、紛争と国際平
和活動の展開を概観する。

国連安全保障理事会における南スーダンに関する議論の様子（2019年2月25日）
出所：Security Council Considers Situation in the Sudan and South Sudan
25 February 2019
United Nations, New York
UN Photo/Eskinder Debebe
798487

第1章　国際平和活動の理論と実践

はじめに

　第1章では、第II部「国際平和活動の研究アプローチと事例分析」の前提となる枠組みを提示する。まず、先行研究との関係、問いと作業仮説、研究の射程を提示する。また、本書では、国際平和活動、複合的危機、アクター間協力といった、この分野で頻出する用語を用いるが、それぞれどのような内容だろうか。国内外で多様な理解・定義がある中、本書における定義を示しておきたい。さらに、事例として南スーダンを取り上げる意義についても説明する。

1．本書の目的と問い

　ある国家で紛争が発生し、それに起因する複合的な人道危機が起こった時、その国の外にあって支援する意思と能力のある（諸）国家や国際組織など、外部アクター（行為主体）はどのように関与するのだろうか？本書は、この点について、国際平和活動（International Peace Operations）に焦点を当て、学術的・政策的に理解し考察することを目的とする。特に、そのような現象を理解し分析する学術的手段として、複数のディシプリン（研究アプローチ）と国際平和活動との接点を示すことを目的としている。

1.1. 国際平和活動とは

　本書で取り上げる「国際平和活動」とは、紛争起因の複合的危機に際し、外部アクターが、緊急人道援助、治安の回復・維持、荒廃した社会基盤の復旧・復興支援等を通じて、平和の構築と定着を目的とする諸活動を指す。こうした活動には、政治・外交・軍事・人道・開発といった様々な専門性を持つ諸アクターが関与する。活動現場では、限られた人的・物的・金銭的資源を効果的か

つ効率的に活用するため、アクター間の協力が政策上の重要課題として位置づけられるようになった。

1.2.　先行研究の整理
─なぜ今、国際平和活動におけるアクター間協力なのか？

　冷戦終結後、紛争を根本的に解決し再発を防止するためには、短期的な物理的暴力の停止だけでは不十分である。国家の脆弱性に対応する必要性が認識されるようになった。それに伴い、国際平和活動は、政治・外交・軍事・人道・開発といった領域を専門とする多様なアクターが関与する活動となった。ここで生じた課題は、「**各専門領域を結びつけつつ、平和を構築し定着させるには、いかなる制度が有効か**」である。各アクターは独自の目的、手段、専門性を有し、自律的に行動する傾向にあり、活動の現場で平和の構築と定着を阻害しているとの認識が深まったからである。資源の効果的・効率的な活用という観点からも「アクター間協力」が重視されるようになった。つまり、**国際平和活動という文脈において、アクター間協力の鍵を問う作業が、政策上重要な課題となってきた**のである。むろん、国際平和活動をめぐる論点としては、ほかにも、国連憲章や諸国家の国内法に鑑みた合法性なども挙げられる。しかし、国際平和活動を政策として実行する上での課題に絞るならば、アクター間協力はその筆頭である。

　国際平和活動における「アクター間協力」の先行研究は、アクターの属性や専門領域に応じて対立点を明らかにする手法によって研究されてきた。例えば、人道アクターと軍事組織の協力における「人道のジレンマ」を指摘した研究[1]や、民軍協力を積極的に扱う研究[2]、介入国家内部における外交・開発・防衛（いわゆる3D）の協力といった「全政府アプローチ（Whole of Government Approach）」の研究[3]などである。これらの先行研究が国際平和活動におけるアクター間協力の意義と難しさを示してきたことにより、学術的にも政策面でも検討の意義が明らかになった。

　先行研究にはいくつかの課題がある。まず、国際平和活動は、主に国連平和維持活動（United Nations Peacekeeping Operation：PKO）、あるいは、イラク、アフガニスタンの復興支援のように紛争後に多国籍で実施される取り組みを指

してきた。後者も、基本的には国連安全保障理事会（以下、安保理）の授権や承認を前提としている。国際平和活動を担う各国連ミッションの組織内連携や、介入する側の省庁間協力・民軍協力を論じるものが中心であった。その結果、考察対象となった事例における協力の成否の要因を明らかにする上では新たな知見を提供するものの、国際平和活動でいかなる要因が協力を形成するかについて一般的な理論枠組みを提供するには至っていない。

　第二に、**国際平和活動におけるアクター間協力のいかなる要因が協力を促進または阻害するのかが明らかになっていない。アクター間協力の達成と現地における平和実現との因果関係について事例横断的な考察も不足している。**「アクター間協力が平和の構築と定着をもたらしうる」という認識が暗黙の前提となり、導き出された結論が考察対象となった事例の文脈に依存しがちである。これらを解決するためには、国際平和活動に関与するアクター特有の行動原理を踏まえた上で、分析枠組みを構築し、各事例を分野横断的に比較分析する必要がある。

　そこで、本書の前身となる『国際平和活動における包括的アプローチ―日本型協力システムの形成過程』（以下、『包括的アプローチ[4]』）では、自律的なアクター同士の協力を促進する「制度」に着目し、国際平和活動におけるアクター間協力がシステムとして形成される過程を分析する枠組みを構築した。その上で、日本の国際平和活動の3事例（東ティモール、イラク、ハイチ）を比較分析した。

　その仮説は、**協力の強度**（結合・協働・調整・併存）**は、協力を促進するための「制度」**（行動準則もしくは戦略、運用制度、資源の動員）**が整うことで成立し、現場における効果、効率、正統性が生じる**というものである。この仮説に基づき比較分析を行うことで、活動現場で生み出された協力が促進されるという日本型の協力システムがあることを実証した。

　『包括的アプローチ』では、制度によって利害の異なるアクターの期待が収斂し、協力が形成される過程を示すことができた。しかし、「制度」の構築が必然的に協力の強度を高め、協力は現場における効果を生じさせるという前提について、具体的な事例を通して実証的に考察するという課題が残された。

1.3.　本書の問題関心と研究の射程

　そこで、本書は「**国際平和活動に関与する外部アクターは、制度の構築を通して協力関係を形成・促進する（A）**」という作業仮説を立てる。いかなる制度が創られ、実際にどの程度機能してきたのか、課題はどこにあるのかに焦点を当て、国際平和活動を学際的に論じる（図1−1）。それにより、次の段階として、外部アクター間の協力が、現地で平和を構築し定着させる過程（B）にいかなるインパクトを与えるかを考察する手がかりとなろう。

　本書は外部アクターの中でも、とくに、国際平和活動の中心的役割を担う国家と国際組織を取り上げる。一国家内における組織内協力（特に省庁間協力）と、国際組織内におけるサブ組織間協力を主な分析対象とする（図1−2のa）。各組織がもつ協力を促進する法、機構、政策等の「制度」が、組織内の協力促進にいかなる影響を与えているのか分析を行う。国家と国際組織レベルにおける組織内のアクター間協力が国際平和活動の実施において、なぜ、どのような協力を必要とするか、協力促進のためにどのような制度が構築されてきたかを確認し、その制度は実際に協力を促しているのかを事例を通じて検討するのである。なお、本来であれば、図1−2の点線部分、すなわち、国際組織と各国家、国家内の組織との相互作用としての組織間協力（b）も併せて分析すべきである。しかし、まず本書では、国際組織レベル、国家レベルの水平的協力に注目をする。

　モデル構築に際しては、組織内協力と組織間協力という2種類の協力態様を区別して分析を進めていく。まず組織内協力としては、日本および英国を取り上げ、各国内の省庁間協力を分析する。国際平和活動への関与について法的根拠と財源を有する省庁の協力のありようを比較する。また、国連を事例とし

図1−1　本研究の射程

出所：井上・川口・田中（坂部）・山本作成

図1-2　国際組織、国家の協力関係

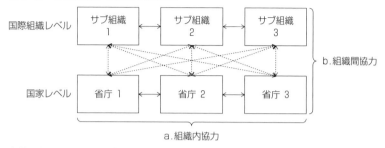

出所：井上・川口・田中（坂部）・山本作成

て、国際組織内におけるサブ組織間協力を分析の対象とする。これらをもと
に、国家と国際組織レベルにおける組織内のアクター間協力が、国際平和活動
の実施において、なぜ、どのような協力を必要とするか、協力促進のためにど
のような「制度」が構築されてきたかを確認し、当該制度は実際に協力を促し
ているのかを分析する。

1.4.　本書の特徴としての学際性

　以上のような分析を可能にするのが、本書の学際性である。複合的危機下の
「制度」とアクター間協力との関係性を学際的な著者構成によって多角的に分
析する。国際平和活動を分析・考察するうえで多角的アプローチがいかに重要
であるか、また、各研究アプローチから国際平和活動を取り上げる意義と課題
をできるかぎりわかりやすく示したつもりである。また、本書では、コラムで
国際平和活動の実態に迫るとともに、実務家、政府諸官庁、国際機関への聞き
取り調査等を通じて、最新動向の把握に努めた。

　学際的視点に基づくモデル構築、つまり、国際法、国際組織研究（国際機構
論）、国際関係論、比較政治学、政策研究などの専門領域をもつ研究者の共同
作業にはいかなる意義があるのか。それは、国家と国際組織という2つのレベル
において、法、組織、政策等の「制度」が協力を形成するまでの因果メカニ
ズムを検討することが可能となる点にある。本書は国際平和活動におけるアク
ター間協力に関する基礎理論の構築の一端に寄与しようとする試みであり、今

後の実証分析のための基盤を提供するものである。マゾワー（Mark Mazower）が指摘するように⁵⁾「国際協調」のあり方が益々問われる中、国際平和活動、ひいては国際関係一般で問われてきた「協力をめぐる緊張関係」の解明に対する学術上の貢献を目指す。

　第Ⅱ部「国際平和活動の研究アプローチと事例分析」は、各研究アプローチからみた国際平和活動を論じたうえで、それを土台に南スーダンという具体的事例の分析を行っている。国際平和活動に関する研究・教育を学術的・政策的に関連付けることを企図した。南スーダンという具体的事例の分析においては、従来取り上げられてこなかった複合的危機下における国際平和活動におけるアクター間協力について、各研究アプローチをもとに考察する。南スーダンにおける国際平和活動は、国連ミッションが中心となって「国づくり（国家建設）」から「文民保護（PoC）」へと主目的が変化した。このような当地のドラスティックな変化にアクター間協力はどのように、どの程度適用できるのか、すべきであるか問う。これらをもとに、結論部の第7章で国際平和活動の理論と実践における課題と展望を示す。

1.5.　想定される読者層

　本書の目的は、国際平和活動の分析を通じて、①アクター間協力に関する国際潮流を示すこと、②日本の国際平和協力の現状や課題を明らかにすること、③法制度や政策、実際の活動内容を体系的・概説的に整理すること、④国際平和活動の研究手法をわかりやすく説明することにある。これらの目的を達成するために、本書は多様なコラムを盛り込んでいる。

　読者層としては、外務省や防衛省・自衛隊、JICA、警察、NGO関係者らといった国際平和協力に携わる実務家、これらの職種に関心のある学生、そして国際平和活動を取り上げる大学院生や研究者らが想定される。大学では、演習系の授業だけでなく、国際政治学、国際関係論、国際機構論、安全保障論、国際法といった講義科目の参考文献や、より専門性の高い大学院のテキストとしても機能するよう心掛けた。また、大学の双方向授業に対応すべく、ディスカッションポイントを掲載することで、教材としての活用も想定している。

　さらに、平和安全法制の整備以来、関心が高まっている自衛隊の役割や国際

平和協力の取り組みについて体系的かつ概説的に取り扱うことで、一般社会人も重要な読者と想定している。国際平和活動の多様性と持続性を確保するうえでは、専門性を高めることとともに、すそ野を広げることこそ不可欠だからだ。そのため、本書では体系性と専門性を維持しつつ、平易な叙述と構成に努めた。

2．国際平和活動

　それでは、本書で取り上げる主な概念・用語について確認をしておこう。

2.1. 国際平和活動の類型と冷戦期の展開
　まず、複合的危機への対処を想定した国際平和活動とは、大別すれば、①国連平和活動、②安保理の授権を得た多国籍軍型軍事活動および地域機構による活動、③安保理の授権のない活動、④国連カントリー・チームやNGOによる活動である[6]。このうち、本書第Ⅱ部で取り上げる南スーダンの事例は①④にあたる。そこで、主に国連平和活動の変遷に焦点を当て、その変遷を概説する。
　国連平和活動は、広義では平和維持・平和構築・紛争の政治的解決・予防を軸とした取り組みの総称、狭義でいえば特にPKOを指す。国連創設の3年後1948年に展開した国連休戦監視機構（UNTSO）と第一次国連休戦軍（UNEF Ⅰ）を原型とするPKOは、特に冷戦期、停戦監視や緩衝地帯のモニター等を主任務とした。紛争当事者の同意、活動の中立性、自衛を除く武力不行使というPKO三原則をもとに、「戦わざる軍隊」「国連憲章6章半の活動」と呼ばれた[7]。唯一、国連コンゴ活動（ONUC）が安保理から自衛を超える武力行使を許可されたものの撤退を余儀なくされた[8]。また、現在のような地域機構によるミッション派遣もほとんどなかった[9]。

2.2. 冷戦後の国際平和活動―1990年代
　冷戦終結後、PKOは規模の面で劇的な拡大と縮小を経験した。1992年1月から1995年7月にかけて、国連はカンボジア、ボスニア、ソマリア、ルワンダといった内戦経験国へPKOを派遣した。各ミッションの規模は冷戦期の数百

図 1 - 3　PKO 要員数の推移

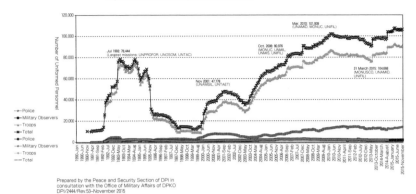

Surge in Uniformed UN Peacekeeping Personnel from 1991-Present

Prepared by the Peace and Security Section of DPI in
consultation with the Office of Military Affairs of DPKO
DPI/2444/Rev.53–November 2015

出　所：UN Department of Peace Operations website, "Surge in Uniformed UN Peacekeeping Personnel from 1991- Present"（https://peacekeeping.un.org/sites/default/files/surge_chart_april14_eng.pdf）.

人から一万人を超えるものへと変化した。

　質の面でも根本的変化が生じた。大別すれば、それは「複合化」と「ラバスト（robust）化」である。[10] 前者が選挙監視やソフト・ハード面のインフラ整備といった国づくりを肩代わりする内容であった。「ラバスト化」は、安保理がPKO の任務に憲章第 7 章下の武装解除や文民保護を盛り込んだことを指す。

　このような質的変化は、しかし、PKO の急激な規模および任務の縮小につながった。脆弱な和平環境において、憲章第 7 章を適用し自衛を超える武力の行使を許可されたことにより、PKO 要員が紛争当事者と化してしまう状況を招いたこと、要員の安全確保が極めて困難な場面が増加したこと、そして加盟国の政治的意思の低下などによる。

2.3.　国際平和活動の見直しと地域機構の台頭

　1990年代の PKO 見直しは、アナン（Kofi A. Annan）国連事務総長が設置した独立委員会による『ブラヒミ・レポート』（2000）[11] が契機となった。このレポートでは、国連の取り組みを平和維持中心からより包括的な「平和活動」に発展させることが必要とした。特に、平和維持と平和構築とをより強く関連付ける

とともに、PKO が、合意に背く主体（spoiler）に毅然と対処することが肝要と
した。

　また、人々が紛争下の複合的危機にさらされる中、国際平和活動、特に国連
ミッションでは、一般市民の保護が「文民保護（PoC）」としてオペレーション
のマンデートとなっていった。文民保護は、しかし、実施する側の危険度、金
銭的・物的・人的コストが高い。安保理・事務局、加盟国、（準）地域機構の
間では、複合的危機への対処を、だれが、いつ、どのような権限の下で、以下
に実施するのかについて、国際平和活動のアクター間協力の制度化が課題と
なった。

　国際平和活動が主にアフリカで展開する中、実践主体として、2002年に設立
されたアフリカ連合（African Union: AU）や準地域機構、特に地域経済共同体
（Regional Economic Communities: RECs）の役割が拡大した。欧州連合（European
Union: EU）や北大西洋条約機構（North Atlantic Treaty Organization: NATO）の
ような域外の機構による支援を得つつ、それまで国連が「専売特許」として行っ
た国際平和活動の担い手として台頭した。例えば、AU は2003年にブルンジへ
初の独自ミッションを展開し、その後、スーダン、西アフリカへと広がった。
さらに、2007年にはソマリアに AU ミッションが展開し、それを国連、EU、
NATO などが予算、能力構築、ロジスティック面で支援するパターンが成立
した。2008年には史上初の国連 AU 合同ミッション（UNAMID）がダルフール
へ展開した。もっとも、このような国連と地域機構の連携の潮流は、1990年代
後半の西アフリカやユーラシア地域の独立国家共同体（CIS）などにみられる。

　また、2001年9月に発生したアメリカ同時多発テロ事件は、国際安全保障環
境の劇的変化をもたらし、国連平和活動にも大きなインパクトを与えた。より
長期的にみれば、マリなど西アフリカにおける現在のグローバルなテロ対策や
セキュリティ・ガバナンスの源流ともいえる。[12]

　2000年代に興隆した「保護する責任（Responsibility to Protect: R 2 P）」論もま
た、国連平和活動における文民保護を理論面で担保しつつ、政策課題として国
際社会の議論を進展させた。[13]

2.4. 国際平和活動の最前線 ── Action for Peacekeeping（A4P）

　国連平和活動が再び包括的に検討されたのは、2015年のラモス・ホルタ（José Manuel Ramos-Horta）元東ティモール首相を座長とする諮問委員会による「HIPPOレポート」である。[14] その中では、「政治の卓越性」と「地域機構とのパートナーシップ」が重点課題とされた。[15] さらに、2018年にグテーレス（António Guterres）国連事務総長が設置した独立パネルが「クルス報告書」を明らかにした。[16] 国連平和活動を持続可能に継続するためには、要員への攻撃に対処することが急務であり、リスク・マネジメント強化が不可欠であるとした。

　このような変遷を踏まえ、2018年にグテーレス事務総長が打ち出したのが、Action for Peacekeeping（A4P）である。[17] 8つの分野（紛争の政治的解決、女性と平和・安全保障、文民保護、パフォーマンスと透明性、平和構築と持続的な平和、パートナーシップ、平和維持要員およびPKOの行動規範強化）に焦点を当てた。

　その実施を担保する仕組みとして重視されているのがトライアンギュラー協力（Triangular Cooperation）である。すなわち、安保理、加盟国、要員提供国（TCC）は国連平和活動の主要アクターとして緊密に連携することが不可欠という認識である。

　さらに、国連平和活動の改革の一端として、2019年1月以降、グテーレス事務総長は国連事務局の組織改編を行った（詳細は第3、5、7章を参照）。[18] 国際平和活動の主軸ともいえる国連平和活動の改革は、持続的な平和の実現に向けて、包括的な取り組みを、アクター間の協力強化に基盤を置きつつ実現する方針であるといえる。

3．複合的危機

　次に、紛争起因の「複合的危機」について確認しておこう。本書で国際平和活動におけるアクター間協力の制度化を考察する事象となる重要な概念である。特に第Ⅱ部では、長年にわたり複合的危機の状況下にある南スーダンを題材に、援助を供給するアクター間の協力がいかなる条件で実現するのかを問う。

　複合的危機とは、紛争など人為的要因あるいは自然災害により、当該国家・

地域（regional/local）に重層的・多面的な危機が生じる状況を指す。具体的には、治安の悪化、経済活動の低迷、著しい人権侵害、大規模な人の移動などが挙げられる。もっとも極端な事例では、複合的危機が国家の破綻を招く。

　本書は紛争起因の複合的危機を取り上げる。自然災害起因の複合的危機も紛争起因のそれも、人々が直面する危機へ対処するという点は共通している。しかし、紛争起因の複合的危機においては、外部アクターが危機の原因そのもの、つまり内部アクター間の対立解消にも関与することを目指す場合が多い。武力紛争の解決と複合的危機への対処は、それぞれ別個に諸アクターが携わりつつ、危機の原因と結果両方に外部アクターが関与しうるという点で複雑である。

　武力紛争起因の複合的危機では、持続的な平和の構築を目指し、緊急人道支援、平和活動、開発援助など、目的や専門性が異なるアクターが併存する。これらアクター間の協力には様々な困難があると論じられてきた。そのような中、特にアフガニスタンやイラクへの対テロ戦争以降、各主要援助国は、国内省庁や関連アクターの間で協力を促す政治的イニシアチブ、制度の整備などを通じ「全政府アプローチ」の実現に取り組んできた。多国間機関でも、国連諸機関による「統合アプローチ（Integrated Mission Approach）」、EU の「包括的アプローチ（Comprehensive Approach）」など、複合的危機への対応において包括性・統合性を追求する試みがある。日本においても、省庁間協力を基盤とする「オールジャパン」が追求された[19]。

　それでは、外部アクターは複合危機へ対処するうえで、協力に不可欠な、しかし限られた資源をどのように配分するのだろうか？アクター同士はいかなる関係を構築し、それはなぜなのか？そして、本書では、このような政治・外交・軍事・人道・開発に関わるアクター間協力の特徴と課題について、特に協力成立の条件としての制度に注目した考察を行う。

4．事例としての南スーダン

　本書が『包括的アプローチ』で明らかになった学術的・政策的課題、つまり、「制度」の構築が協力の強度を高める態様を実証する、という点に取り組むこ

とはすでに述べた。その検証をなぜ南スーダンの事例を通して行うのか。以下
では、『包括的アプローチ』後に起こった2つの変化をもとに説明したい。

4.1.　国際平和活動の変遷の画期

　南スーダンは、長年の南北スーダン紛争を経て、2005年1月の包括的和平合
意（CPA）に盛り込まれた住民投票の結果を踏まえ、2011年7月9日にスーダ
ンからの独立を果たした。スーダンに展開していた国連スーダンミッション
（UNMIS）が、今度は国連南スーダン共和国ミッション（UNMISS）として展開
したが、その主な目的は新しく独立した南スーダン共和国の国家建設支援で
あった。南スーダンの国家建設は、国連、NGO、諸地域機関など様々なアク
ターが関与する壮大なプロジェクトともいえ、日本政府も2012年1月から2017
年5月まで陸上自衛隊を派遣した。JICA による開発援助や、官民協力型の
NGO である「ジャパンプラットフォーム」による支援も実施された。

　南スーダンにおける国際平和活動の主目的が国家建設から大きく変化する契
機となったのが、2013年12月の首都ジュバおよびマラカル等における武力衝突
の発生である。国内避難民が UNMISS のコンパウンド（要員の居住施設）に駆
け込むなど、情勢は緊迫し、国連としても史上初めての「文民保護サイト（PoC
サイト）」を設置した。これに伴い、南スーダンにおける国際平和活動では、
国家建設から人道危機対応が急務となった。このような南スーダンの事例は、
包括的アプローチの実践の場となったといえる。

4.2.　平和安全法制と日本のアフリカ PKO 参加

　南スーダンは日本の国際平和協力においても画期となった事例である。2015
年に成立した平和安全法制は、10の整備法と1の新規制定法合わせて11の法で
成り立つ、いわばパッケージ法である。このうち、国際平和協力法に着目すれ
ば、いわゆる安全確保業務と駆け付け警護が可能になった。日本政府は、2016
年11月15日、実施計画を閣議決定するかたちで、UNMISS に参加する自衛隊
に宿営地の共同防護および駆け付け警護の任務を付与した。実際には両任務を
遂行することなく、自衛隊は2017年5月に任務を終了した。

　南スーダンが、このような自衛隊 PKO 派遣にとって大きな転換点となった

図1-4　国際平和活動の見取り図

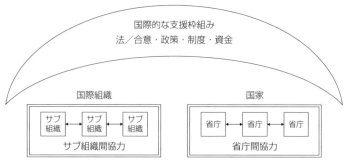

出所：井上・川口・田中（坂部）・山本作成

経緯と要因については第3章で検討するが、一点だけ指摘するとすれば、南スーダンの治安状況悪化に伴い、UNMISS が主たる任務を国づくりから文民保護へと転換せざるを得なかったことが挙げられよう。この現地レベルの変化に、日本国内の制度構築とアクター間協力がどのように対処したかを考察することは、国際平和活動に参加する国家からみた複合的危機を理解することにつながる。特に、日本は憲法9条に起因する制約から UNMISS の文民保護を担うことは困難であり、緊急かつ苛烈な複合的危機に直面した際、日本の国際平和協力政策はどうあるべきかを考えることは不可欠である。また、南スーダンは、国連を中心とするグローバルな国際平和活動の枠組みと、加盟国（日本）の制度が相互にいかなる影響を与え合うのか考察するうえでも重要な事例である。さらに、日本国内においては、南スーダンに派遣された自衛隊のいわゆる日報問題が議論され、外交・防衛政策の検証の在り方についても一石を投じた。

おわりに

　第1章では、本書の学術的・政策的背景、研究の問い・射程を明らかにしたうえで、国際平和活動の変遷を国連ミッションの展開動向に着目しつつ概観した。特に、紛争起因の複合的危機のもと、国際平和活動において一般市民の保護が急務となったこと、そのために、国連安保理・事務局、加盟国、（準）地域機構にとって、国際平和活動のアクター間協力の制度化が課題となってきた

ことを指摘した。続く第 2 章では南スーダンの概要を把握しよう。

1 ）篠田英朗・上杉勇司編『紛争と人間の安全保障―新しい平和構築のアプローチを求めて』国際書院、2005年。

2 ）上杉勇司・青井千由紀編『国家建設における民軍関係』国際書院、2008年。

3 ）Stewart Partrick and Kaysie Brown, *Greater than the sum of its parts?*, New York: International Peace Academy, 2007; Alexis Below & Anne-Sophie Belzile, *Comparing Whole of Government Approaches to Fragile States*, BIGS Policy Paper, No. 3 , May 2013; Christina Bennett, *The development agency of the future*, ODI Working Paper, 2015.

4 ）山本慎一・川口智恵・田中（坂部）有佳子編著『国際平和活動における包括的アプローチ―日本型協力システムの形成過程』内外出版、2012年。

5 ）Mark Mazower, *Governing the World: The History of an Idea, 1815 to the Present*, Penguin Press, 2012（マーク・マゾワー著、依田卓巳訳『国際協調の先駆者たち―理想と現実の二〇〇年』NTT 出版、2015年）.

6 ）山本・川口・田中（坂部）、前掲書、26頁。

7 ）長谷川祐弘『国連平和構築―紛争のない世界を築くために何が必要か』日本評論社、2018年。

8 ）詳しくは、三須拓也『コンゴ動乱と国際連合の危機：米国と国連の協働介入史、1960～1963年』ミネルヴァ書房、2017年を参照。

9 ）例外的に、アフリカ統一機構（OAU）がチャドへ展開したミッションが存在する（Terry M. Mays, *Africa's First Peacekeeping Oeration: The OAU in Chad, 1981-1982*, Westport: Praeger, 2002）。また、1975年にヘルシンキ最終文書が採択されると、全欧安全保障協力会議（CSCE）による信頼醸成措置が登場した。国際平和活動そのものとは言えないが、1990年代以降の国際平和活動で重要とされる紛争予防に関する取り組みと位置づけられる。

10）上杉勇司・藤重博美編著『国際平和協力入門―国際社会への貢献と日本の課題』ミネルヴァ書房、2018年。

11）A/55/305-S/2000/809, August 21, 2000（Report of the Panel on United Nations Peace Operations, also known as "Brahimi Report"）.

12）例えば、山根達郎「アフリカにおけるセキュリティ・ガバナンス―国連 PKO・AU・EU 間の協働をめぐって―」『人文科学研究所紀要』（立命館大学）（109）、2016年、161-184頁を参照。

13）詳しくは、中内政貴・高澤洋志・中村長史・大庭弘継編『資料で読み解く保護する責任―関連文書の抄訳と解説』大阪大学出版会、2017年を参照。

14）A/70/95-S/2015/446, June 17, 2015（Report of the High-level Independent Panel on Peace Operations on uniting our strengths for peace: politics, partnership and people, also known as "HIPPO Report"）.

15）篠田英朗「国連ハイレベル委員会報告書と国連平和活動の現在―『政治の卓越性』と『パートナーシップ平和活動』の意味―」『広島平和科学』第37巻、2016年、45-56頁。

16）A/70/357-S/2015/682, September 2 , 2015（also known as "Cruz Report"）.

17）UN Website, "Action for Peace"（https://www.un.org/en/A 4 P/）; "Declaration of Shared Commitments on UN Peacekeeping Operations," 16 August, 2018 （https://peacekeeping.un.org/sites/default/files/a 4 p-declaration-en.pdf）.

18）本書はグテーレス事務総長による国連機構改革前の時期を主な射程としているため、国連の諸組織の名称については、原則として改革前のものを採用している。ただし、改革による変更内容などについて各章で取り上げているため、詳しくは本書の関連箇所を適宜参照されたい。

19）上杉勇司・藤重博美・吉崎知典・本多倫彬編『世界に向けたオールジャパン―平和構築・人道支援・災害救援の新しいかたち―』内外出版、2016年。

【井上実佳】

第2章　南スーダンにおける国際平和活動
――移行期から独立後の国家建設期を中心に

はじめに

　南スーダン共和国（以下、南スーダン）は、2011年7月に世界で一番新しい国家として独立した。本書は、後に続く研究アプローチの各章において南スーダンを事例として取り上げる。特に、ハルツームを首都としたスーダン共和国（以下、スーダン）とスーダン人民解放運動／スーダン人民解放軍（以下、Sudan People's Liberation Movement/Army: SPLM/A）との間で2005年に成立した包括的和平合意（Comprehensive Peace Agreement: CPA）から、2011年7月の南スーダン共和国独立、2016年7月の騒乱の影響までを主な分析対象期間としている。本書が、南北紛争の終結から独立に至る「移行期」の南部スーダン（独立前の南スーダンについては、南部スーダンと記述する）、そして独立後の南スーダンを分析の対象としたのは、この時期を通して、そして現在も南スーダンは継続的に複合的危機の状況にあって、常に紛争と平和との間で揺れ動き、国際平和活動を行う国際社会に大きな挑戦と試練の場を与えてきており、国際平和活動を分析する上で重要な事例といえるからである。

　本章では、第Ⅱ部で検討する研究アプローチを使って、具体的に南スーダンにおける国際平和活動について考えるための予備知識として、南スーダン誕生の背景にある内戦、特に移行期と独立後の国家建設期を中心に国際社会による国際平和活動について概観する。

1．スーダン内戦

1.1．背　景

　南スーダンは、2011年7月9日にスーダンから分離独立し、ジュバを首都とする。南スーダン独立前、スーダンは2つの内戦を経験している。1955年から

1972年の第1次内戦、1983年から2005年までの第2次内戦である。この2つの内戦に加えて、スーダン西部ダルフールでは、2003年に非アラブ系住民の武装蜂起によるダルフール紛争が生じている。

　一般的に、スーダン内戦の原因は、北部のアラブ・イスラームと南部のアフリカ・キリスト教といった民族と宗教の間の対立とみなされることが多い。しかし、スーダン内戦の背景には、より複雑な利害関係があると考えたほうがよい。そもそもスーダンには多様な民族や人々が存在し、それぞれが異なる言語、文化、宗教、生業を持って生活をしてきた。大まかにいうと北部にはアラブ系、南部にはアフリカ系の人々が住んでおり、アラブとアフリカの接合地点になっている。

　1898年、英国とエジプトによるスーダンの植民地統治が始まった。1920年頃から英国は、スーダンを北部と南部に分け、この2つを分断する統治政策を行った。この政策は、北部を政治・行政への参加、経済開発の機会、社会福祉サービスの提供において優遇し、南部を著しく冷遇するという差別的な政策であった。これによって開発が進み豊かになる北部と、搾取され貧困にあえぐ未開発の南部という構図が出来あがった。

　英国から独立すると、今度は北部による南部の植民地化が生じ、南部への冷遇、政治的支配、低開発といった搾取構造が続いた。1969年に軍事クーデターによって政権を奪取したヌメイリ（Jafaar Nimeiri）は、第1次内戦の結果南部の自治権を認めたアディスアベバ和平合意に反して、イスラーム法（シャリーア）を全国で実施し、南部で発見された石油資源独占を試みるなど、スーダン全土のイスラーム化およびアラブ化を進めようとした。これが南部の反発を招き、第2次内戦を招くこととなる。北部をスーダンの中心として南部を周辺化してきた歴史、搾取構造への長年の不満、南北の大きな格差、スーダン中央政府による南部冷遇策、そして資源を巡る紛争が、この地域の紛争の根本原因となったといってもいいだろう。

　もう一つの紛争原因は、国際関係である。80年代初頭はアフリカの角が冷戦の舞台となった時期である。ソ連とアメリカの対立構造は、スーダン周辺諸国であるエチオピア、ケニア、リビア、ウガンダなどを通じてスーダン内戦に少なくない影響を及ぼしてきた。このように、スーダンにおける紛争は、政権の

南部統治はもちろん、地政学的位置づけや歴史的背景、政治、経済、社会的要因が影響していることをまずは理解しておこう。

1.2.　第 2 次内戦

第Ⅱ部で扱うのは、第 2 次内戦の帰結として誕生した南スーダンに対する国際平和活動である。そのため、ここでは1955年から1972年までの第 1 次内戦を割愛し、第 2 次内戦について概説する。

第 2 次内戦の発端は、1983年 5 月南部エクアトリア州の都市ボル（Bor）に駐屯していた政府軍の中で起きた兵士の反乱といわれる。この反乱を鎮圧するために派遣された政府軍のジョン・ガラン（John Garang）大佐が、北部と南部が一つの国民として共存する「新スーダン」を掲げて反政府に転じ、SPLM/Aを組織した。エチオピアを拠点としたガラン率いる SPLM/A によるヌメイリ政権下ハルツーム政府への反政府運動が、第 2 次内戦の始まりであった。

SPLM/A は、エチオピアとその背後にある東側陣営の支援を受けて南部全域および北部の一部に勢力を伸ばすようになる。これに対して、ヌメイリ政権そして続くマフディー政権は、SPLM/A に対抗するための様々な武装民兵を組織し、村の襲撃、家畜の強奪など南部の SPLM/A 支配地域の一般市民を攻撃の対象とするようになる。

1989年、バジール政権が誕生すると、キリスト教徒が多く住む南部スーダン人のイスラーム化を目的とした浄化作戦が行われるようになった。1980年代後半から、ハルツーム政府は大量の南部スーダン人を強制的に移動させ、ハルツーム近郊に住まわせるなど、南部スーダン人の生活を破壊する過酷な政策を採る。相次ぐ武装民兵の襲撃と干ばつによって、大量の強制移動と深刻な飢餓が生じると、スーダン内戦は国際社会の衆目を集めるようになり、1989年から国連を中心とした大規模な人道支援「スーダン生命作戦（Operation Lifeline Sudan: OLS）」が実施されるようになった[1]。

1991年には SPLM/A の内部分裂が生じたことで、北部内の反政府勢力と SPLM/A との間の連携、北部と反 SPLM/A 勢力との連携が成立し、これに武装民兵や周辺諸国からの介入が加わるなど、紛争は一気に複雑化した。スーダン全体に広がった紛争は、2005年まで22年間続き、200万人の死者を生み、400

万人以上が国内避難民、そして、500万人以上が難民になったといわれている。その当時、最悪の人道危機を招いた内戦へと発展したのである。

２．移行期における国際平和活動

　第２次内戦は、2002年７月のマチャコス議定書をはじめとする６つの主要合意文書を含むCPAの締結（2005年１月）によって終止符を打った[2)]。このCPAが移行期におけるすべての国際平和活動の法的・政治的基盤である。CPAのきっかけは、2002年頃に始まったブッシュ政権の精力的な働きかけであり、米国、英国、ノルウェーの３か国（トロイカと呼ばれる）と、長年、政府間開発機構（Inter-Governmental Authority on Development: IGAD）が取り組んだ和平交渉の結果であった。スーダンには、ガランを副大統領とする国民統一政府（Government of National Unity: GoNU）が樹立されることとなった。同時に南部スーダンには、SPLM/Aを主体とする南部10州を統治する南部スーダン政府（Government of South Sudan: GoSS）が発足し、SPLAが南部スーダンの軍隊としてスーダン政府軍と別に存在するという１国２政府制度が敷かれた（外交はGoNUの外務省のみであるが、行政府、議会、裁判所、教育制度は別）。マチャコス議定書には、南部に2011年７月８日までの６年間、暫定自治権を付与し、住民投票によって南部の帰属を決定することが定められていた。つまり、「一つのスーダン」が掲げられつつ、SPLM/Aによる南部スーダンの統治という内戦の成果が認められ、将来的な独立の可能性を色濃く内包した和平合意が成立したのである。

　CPA成立の３か月後、３月にノルウェー政府の主催で開かれたオスロ支援国会合は、CPAの着実な履行のための経済基盤を確保し、幅広い国際的支援を示すための政治的会合であった。60以上の国、地域、機関が会合に出席して、2005年から2007年の３年間CPAの履行に対して、支援要請額約41億ドルを上回る約45億ドルの資金援助を表明した。オスロ支援国会合は、CPAの経済基盤を確保するだけではなく、安保理においてダルフール情勢の改善を促すため制裁措置（安保理決議1591）や国際人権・人道法の重大な違反者に対する訴追・処罰（安保理決議1593）が採択された直後に開催されたという点でも大きな

意味を持つ。なぜならば、国際社会は、人道的観点から制裁を加えつつも、スーダン全体の復興と平和のためには、政治的・経済的支援を行うという現実的な姿勢を示したからである。

　ではCPAとオスロ支援国会議という法的、政治的、経済基盤の上で、どのように国際平和活動が進められていったのであろうか。

　以下では、2005年CPA成立から2011年7月南スーダン独立までの移行期を経て、独立後2013年7月の騒乱までの国際平和活動を、外交および軍事的手段を使った和平プロセス支援と人道・復興支援の2つの支援分野から整理する。支援国の国際平和活動の枠組みには、いわゆる3D—外交、開発、防衛に人道（Humanitarian）を加えた3D＋Hがあるが、ドナー側の外交および防衛部門は和平プロセス支援を主に、人道および開発部門は人道・復興支援を主として行うと考えてよい（詳しくは第4章を参照のこと）。

2.1.　和平プロセス支援：外交および軍事的手段を使用して

　CPAにおける各合意を履行する試金石は、国勢調査、総選挙、南部住民投票（およびアビエイ住民投票）であった。その実施には、IGADなどの周辺アフリカ諸国、アメリカ、イギリス、ノルウェー、ヨーロッパ連合（European Union: EU）などの欧米諸国、そして国連やアフリカ連合（African Union :AU）などによる政治的・外交的支援が不可欠であった。たとえば、CPAの履行を定期的にモニタリングする評価委員会（Assessment and Evaluation: AEC）は、各国外務省などの出向者による事務局から成り立ち、CPAに定められた安全保障、富の分有、権力の分有、暫定三地域に関する作業部会では各国大使が議長を務めるなど、各国はCPAの履行に実質的に携わっていた。

　国際平和活動を支えるもう一つのツールは、国連平和維持活動（United Nations Peacekeeping Operation、以下PKO）である。スーダンに派遣された国連スーダンミッション（United Nations Mission in Sudan: UNMIS）は和平合意の履行を目的とし、軍事、警察、文民部門を持つ多機能型PKOである。具体的には、停戦監視や治安維持に加えて、政治的助言、住民投票に向けた選挙支援、武装解除・動員解除・社会復帰（Disarmament, Demobilization and Reintegration: DDR）、警察の再編や訓練による治安部門改革（Security Sector Reform: SSR）、

地雷除去、および即効事業（Quick Impact Project: QIP）と呼ばれる小規模のインフラ改修など復旧作業などを行った。

　UNMIS はカンボジアや東ティモールの場合と異なり、PKO が統治や行政の代替をするものではなかった。約１万人の軍事要員（部隊および監視要員）、約700名の警察要員、そして文民部門から成る大規模な多機能型 PKO ではあったものの、設置決議には、マンデート（職務権限）の遂行には、二国間ドナーや国連諸機関、NGO などが実施するプログラムとの情報共有や協力するように指示されている。³⁾そのため、UNMIS は、組織のトップである事務総長特別代表（Special Representative of Secretary General: SRSG）の下に、政治担当、人道・開発担当の２名の副事務総長特別代表（Deputy Special Representative of the Secretary General: DSRSG）と軍事部門を指揮する司令官を配置する「統合アプローチ」を採用するミッションとして設置されていた（統合アプローチの詳細については第５章を参照のこと）。しかし、国連カントリー・チーム（UN Country Team: UNCT）や国連人道問題調整事務所（UN Office for Coordination of Humanitarian Affairs: OCHA）は UNMIS の外にあった。

　先に述べたようにハルツームには国民統一政府が、ジュバには自治統治機構南部スーダン政府が樹立しており、当然ながら統治と行政の主体はこの２つにあった。スーダン和平支援国、国連や IGAD は、それぞれの受入国政府と協力しながら、南北に対する個別の和平プロセス支援を行っていたのである。

2.2. 人道・復興支援

　長く内戦状態にあったスーダンは、人道支援の受け手として長い歴史を持つ。OLS の10年以上に渡る活動にみられるように、人道支援を提供する側にとってもスーダンは古くからの活動地であった。スーダンの中でも特に南部スーダンは前述した植民地支配の歴史と内戦によりほとんど未開発で基礎的な社会インフラが存在しない状態にあった。スーダン全体としてみても90年代初頭における欧米諸国の開発援助停止によって、開発が停滞しており、北部内の地域格差が広がり紛争の原因となっていた。平和の定着のためにも開発の実施枠組みを早急に設置する必要があった。そこで和平合意締結以前の2003年12月、マチャコス議定書の成立をきっかけに、世界銀行、国連などは紛争後の移

行期における南北スーダン復旧・復興計画のための合同評価ミッション（Joint Assessment Mission: JAM）を設置し、復興・開発のための調査を実施した。その成果である『持続的な平和、開発、貧困撲滅のための枠組み』と題されたJAM報告書は、スーダン政府、南部スーダン政府、世界銀行、国連、支援国の協働で開発ニーズを特定し、今後の開発計画を示した開発援助の大きな青写真であった。報告書は、統一政府の下で行われる北部スーダン地域に対するプログラム、南部スーダン政府の下で行われるプログラム、そして両方への帰属が決まっていない暫定3地域へのプログラムを別々に作成し、その中で優先順位を定めている。

　JAMプロセスは、開発援助だけでなく、人道、復旧・復興、平和維持といった各種活動の連携を目指す試みでもあった。具体的連携の対象とされたのは、人道分野では国連統一人道アピール（Consolidated Appeal Process: CAP）の代わりとして作成されたスーダン緊急ニーズ、開発分野では国連およびパートナー機関による行動計画（UN & Partners Work Plan）2005-2006、そして世銀の貧困削減戦略（Poverty Reduction Strategy Papers: PRSP）、平和維持分野ではUNMIS統合計画プロセスといった各分野の計画立案プロセスであった。しかし、それぞれの分野内でも調整が難しいこうしたプロセスの間で、さらなる調整を行い、有機的な連携を実現することは容易ではなかった。

　人道支援分野では、重要なアクターとして、人道支援全体を調整する任務を負うUNMISの人道調整官（Humanitarian Coordinator: HC）とOCHAがあった。DSRSGでもあるHCは、UNHCR、WFP、UNICEFなどの国連諸機関とNGOなどによる人道支援全体の調整が期待された。OCHAは、具体的な実施計画の策定、クラスターを通じた調整、資金配分、広報など技術的側面を担う。多くの場合、二国間ドナーは人道支援を実施するのではなく、国連諸機関やNGOへの資金援助を通じて人道支援に貢献する。移行期の人道支援は、ダルフールと南部スーダンに集中しており、人道支援の実施のシステムはそれぞれに異なる発展を遂げた。北部およびダルフール地方は2005年に始まったいわゆる「人道クラスターアプローチ」を取り入れた。南部では2010年からUNMIS人道支援局長、国連諸機関代表、NGO代表、赤十字国際委員会（ICRC）やドナーなどハイレベルの代表が参加して戦略や予算の配分などを決

定する人道カントリー・チームを設置した。これは南部での人道危機の増加に
伴いドナーの資金額における人道援助額の割合が増加し、各国ドナーに対する
人道支援に関する情報共有が重要になったことに由来すると考えられよう。
CPA 前後に設置された国際平和活動に関する枠組み、調整メカニズムは複雑
でこの小節に全て書ききれるものではないが、ここで示した人道・復興支援の
間だけでなく、さらに和平プロセス支援との間で政策に一貫性を持たせ、平和
の定着を実現することの難しさは容易に想像がつくだろう。

2.3.　国際平和活動の主体的な受け手に

　スーダンに特徴的なのは、和平合意に埋め込まれていた１国２政府制という
形が、早くから北部と南部に対する援助システムの分離を生じさせた点であ
る。OLS の時代からそうであったが、CPA 以降は特に南部政府の自律性が強
まり、政治、治安、開発、人道といったあらゆる分野の支援に関するメカニズ
ムが南北別々に形成されていった。それには90年代から圧倒的な資金を南部に
集中的投下し、早くからジュバに拠点をもっていたアメリカの影響もあったと
推測される。加えて、被援助国のオーナーシップを尊重しようという国際援助
潮流と国際社会からの援助をコントロールしたい南部スーダン政府側の思惑が
合致したこともこの南北分離に拍車をかけたと考えられる。たとえば、2007年
には南部スーダン政府による『南部スーダン政府援助受け入れ戦略（GoSS Aid
Strategy 2006-2011）』が策定された。この戦略は、アカウンタビリティ、経済
機能、教育、保健、インフラストラクチャー、天然資源、行政、法の支配、治
安、社会・人道支援に細分化されていた。それぞれに、南部スーダン政府によ
る援助の優先順位、プロジェクトの承認プロセス、調達、モニタリング・評価
等が定められ、ドナーにその遵守を求めるようになった。2005年から2007年ま
での GoSS 予算は、JAM 報告書を参考に各国が支援を表明した額に基づいて
いた。しかし、この援助戦略の下、南部支援に振り分けられた予算は、人道支
援予算も含めて、政府が議長、ドナーが副議長となるセクター作業グループ
（Budget Sector Working Group: BSWG）にさらに振り分けられ、南部スーダン政
府省庁に分配される仕組みが作られた。
　国際平和活動の受け手としての GoSS の主体性は、移行期が国際援助潮流の

変化の時期と重なったことにも影響を受けているといえよう。マチャコス合意とそれに続く JAM が開始された時期は、ちょうど経済協力開発機構／開発援助委員会（OECD/DAC）の議論において援助国の援助政策と被援助国側の政策・制度との間の援助協調の機運が高まり、「ローマ調和化宣言」が採択された時期にあたる。その後の援助協調に関する各種政策、2005年の「パリ宣言（援助効果向上に関するパリ宣言）」、これを補足する2007年の「脆弱国家に対する効果的な国際関与のための諸原則（Principals for Good International Engagement in Fragile States）」が採択されている。また2009年には脆弱国家をめぐる援助政策を扱う OECD/DAC の機関として「紛争と脆弱性に関する国際ネットワーク（International Network on Conflict and Fragility: INCAF）」が設置されたが、これに対して2010年には紛争を経験した脆弱国家による g7＋が結成され、2010年以降、平和構築と国家建設に関する国際対話（International Dialogue on Peacebuilding and Statebuilding）がすすめられた。これらはまさに上記で述べた移行期の間の動きである。そして、南スーダンが独立した2011年には閣僚級会合として開催された第4回援助効果向上に関するハイレベル・フォーラムにおいて「脆弱国家における関与のためのニュー・ディール（A New Deal for Engagement in Fragile State）」が合意され、南スーダンはその試験的実施国の対象となったのである。他方、国連を中心とした平和構築も、この移行期に様々な変革を行っている。紛争予防、平和維持、人道支援、復興・開発といった諸活動を包括的な平和構築と捉え、アクター間の活動の調整と連携を制度化する方向に動いて行った時期である。2005年12月の平和構築委員会（平和構築アーキテクチャー：委員会、事務局、基金）の設置、国連統合ミッションの導入が行われた。また、先にも言及したように人道分野におけるクラスターアプローチが導入されたのもこの時期である。

　二国間の資金援助などの他に、援助の受け手側のオーナーシップを高めるためのツールとして採用された多国間プールファンドについてもここで触れておこう。プールファンドとは、特定の使途を目的に設立される基金で、資金を提供するドナーがその資金管理やプログラムの実施を特定の管理者に一任することで、援助の受け手側のニーズにあったプログラムの実現が可能となり、政府を経由しない援助を減らし、オーナーシップを高める等の効果が期待される資

表2-1　南スーダンが利用可能なプールファンドの一覧（2011年2月当時）

分野	ファンド名	期間	事務局・管理者	支援内容
人道	CHF	2005-　未定	OCHA	緊急支援
復興	BSF SRF	2006-2011 2008-2011	MacDonald UNDP	保健、教育、水・衛生 州レベルの能力構築
開発	CBTF（PhaseⅡ） MDTF	2010-2012 2005-2011	JDT, MacDonald World Bank	公共サービス・管理強化 インフラ、政府システム

出所：OECD 2011に基づき田中（坂部）有佳子作成

金援助の手法のことである。[8] 人道分野には人道支援共通基金（Common Humanitarian Fund: CHF）、復興分野には基本サービス基金（Basic Service Fund: BSF）、南部スーダン復興基金（South Sudan Rehabilitation Fund）、開発分野では能力構築基金（Capacity Building Trust Fund: CBTF）、スーダン復興信託基金（Multi-Donor Trust Fund: MDTF）があった。[9] 例えばMDTFにはMDTF-SSという南部独自の基金が用意され、JAMで提示された8つのセクターに対する資金をドナーから集め、世界銀行の管理により長期的な開発プロジェクトを実施した。以下は、基金の概要を示したものである（表2-1）。

　第2次内戦の終結から南スーダン独立までの移行期は、まさに国際社会全体としても国際平和活動の実践における変革期を迎えていた時期であり、南スーダンは様々な制度変化が最初に試される国際平和活動の試験的事例であったといってよいのではないだろうか。

3．独立以降

　2011年1月住民投票が行われ、98％以上がスーダンからの分離独立を選択した。その結果、2011年7月9日に南部スーダンは「南スーダン共和国」として独立を果たした。南スーダンの国家としての成立を受けて、開発援助は対南スーダン政府との二国間援助となった。そのときすでに40カ国近い常駐外交団を要し、援助の一大拠点となっていた南スーダンは、「世界で一番新しい国」というキャッチフレーズの下、一からの国家建設という壮大な実験場となっ

た。前述のとおり、開発援助も人道援助も、移行期からすでに南部に特化した調整メカニズムが形成されていた。

UNMIS の南部スーダンにおける活動は終了し、安保理決議1996（2011年 7 月 8 日）により国連南スーダン共和国ミッション（United Nation Mission in the Republic of South Sudan: UNMISS）が設置されることとなった。UNMISS のマンデートは、平和の定着と長期的な国家建設および経済開発、紛争の予防、収束、解決、および文民の保護（Protection of Civilian：PoC）に関し政府が責任を果たすための支援、治安確保、法の支配の確立、治安・司法部門強化に向けた政府の活動の支援であった。UNMISS の軍事部門には、最大 7 千名の軍事要員、そして最大900名の文民警察要員が配置されることとなった。和平プロセス支援分野は、引き続き IGAD やトロイカ諸国と UNMISS の政治部門支援をしていた。

復興開発分野では、南スーダン政府のオーナーシップが今まで以上に重視されるようになった。南部政府の援助受入戦略を引き継いで、2011年から2013年の南部スーダン開発計画（South Sudan Development Plan: SSDP）が、各州での住民を含めた協議を元に作成された（当初 3 か年の計画が後に2016年まで延長される）。SSDP は、ガバナンス、社会・人間開発、経済開発、紛争予防と安全保障の 4 つの柱から構成され、それぞれに達成目標と予算概要が立てられている。支援国や各支援機関は、これを元に政府との援助調整を行った。下記の表 2－2 はこれらの移行期から独立後、特に2013年頃までの支援枠組みについて

表 2－2　移行期から独立後に至る対南スーダン支援の国際的支援枠組み

支援分野	移行期（2005年から2011年）	独立後（2011年—）
和平プロセスに対する支援 （外交・軍事的手段）	CPA履行支援	2012年未解決部分署名 2015年ARCSS　2018年R-ARCSS
	UNMIS　UNMISS	
人道・復興支援 （人道・開発的手段）	JAM マルチプールファンド 二国間支援（開発援助・人道援助） OCHA、UNCTの調整枠組み	SSDP マルチプールファンド（-2012年） 二国間支援（騒乱以後人道援助に特化） OCHA、UNCTの調整枠組み

出所：筆者および田中（坂部）有佳子作成

図2-1　南スーダンにおける国際平和活動の見取り図

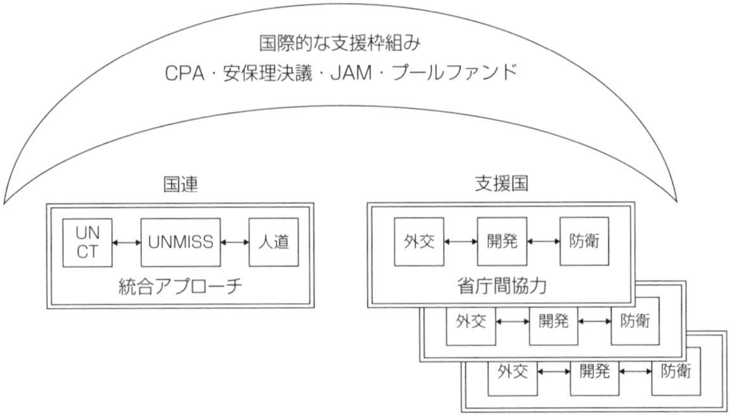

出所：井上・川口・田中（坂部）・山本作成

まとめたものである。

　CPA 締結以降の南スーダンへの支援枠組みは、移行期、そして独立後を通して、3D＋Hに代表される異なる部門のアクターが協力することによって行なわれる包括的なものであったといえよう。国際社会による南スーダンにおける国際平和活動は、本章で紹介した PKO の形態（多機能型、統合アプローチ）、各種支援区分の間の調整・協動枠組み（JAM、プールファンドなど）に加え、受入国の開発計画との調整、そして先取りになるが第Ⅱ部で紹介する支援国内の省庁間協力に基づく支援にみられるように、様々な資源の組み合わせ、アクター間の協力を重視したものであった。南スーダンにおける国際平和活動という試練を前に、多くの支援国や支援組織が、人道のみ、開発のみ支援するといった単独の支援区分を提供するよりも、3D＋Hのいずれの分野にも貢献する包括的アプローチを採用したのである。

おわりに：終わらない複合的危機

　独立した南スーダン共和国とスーダンとの関係は、決して良好と言えるものではなかった。南北スーダンの間の政治問題の一つは、スーダンを通る輸出の

ためのパイプラインの使用料を含む南部スーダンで産出される石油の分配に関する問題であった。南北紛争後の復興資金は、この石油収入に多くを頼っており、原油生産の停止は、両国の経済と財政に打撃をもたらしたが、アビエイ地域以外に関する未解決課題が両国の間で合意に至るなどの状況もあり、南北間の関係は紛争が再開するほどの緊張状態とはなっていない。問題は、南スーダン国内にあった。2013年12月半ば、喝采の中でスタートした独立から約3年足らずで、南スーダン国内で騒乱が生じた。この騒乱は、大統領サルバ・キール（Salva Kiir）と元副大統領リエック・マシャール（Riek Machar）の権力闘争を発端として、ジュバにおける大統領警護隊同士の衝突から、各地での国軍兵士によるマシャール率いるスーダン人民解放運動・反体制派（Sudan People's Liberation Movement-in-Opposition: SPLM-IO）への寝返りに発展した。地方でも国軍とSPLM-IOの衝突が激化、南スーダン各地に広がる内戦へと展開する結果となった。2015年8月にIGADやAUなど国際社会の仲介により和平合意が結ばれた。しかし、合意は守られず、各地で衝突が継続した。UNMISSのマンデートは、国づくりを中心とした支援から、国内避難民など南スーダン国内の治安の悪化にともなうPoCへと移行した。南スーダン政府が人々への暴力の原因の一つとなっており、一向に改善がみられないことから欧米の支援国は、二国間開発援助を停止し、人道支援にのみ援助を継続している。[10]

　2016年7月9日の5年目の独立記念日には、再度ジュバでの騒乱が発生し、これが各地に広がる事態となった。2017年末、キール大統領とマシャールがエチオピアのアディスアベバで停戦（Cessation of Hostilities Agreement: CoHA）に調印したが、数時間後に開始した戦闘により破られている。内戦は、もはや大統領派と元副大統領派との間に留まらず、共同体の間の衝突（Inter-communal clashes）と応酬も広がっており、継続的暴力による混乱が存在する。2016年7月の衝突以降、地方において散発してきた武力衝突や不安定な治安状況を解決するため、2017年12月よりIGADそしてエチオピア、スーダン、ウガンダなど近隣諸国による仲介の下で、2015年にキール大統領とマシャール前副大統領当関係者の間で交わされた「南スーダンにおける衝突の解決に関する合意（Agreement on the Resolution of the Conflict in South Sudan: ARCSS）」の再活性化に向けた協議が進められてきた。その結果、2018年6月にキールとマシャール

の直接対談により恒久的停戦を含む「ハルツーム宣言」が合意され、治安や暫定政府の体制にかかる未解決問題に関する合意が成立し、9月には南スーダンの平和促進に関する新しい合意文書として「南スーダンにおける衝突の解決に関する再活性化された合意（Revitalized Agreement on the Resolution of the Conflict in South Sudan: R-ARCSS）」が署名された。この合意に基づいて、最大8か月の準備期間が用意され、その間国連やIGAD、アフリカ各国の支援の下、政府と反政府勢力の間で、治安部門改革、憲法修正、州数・州境問題などに関する交渉プロセスが行われることとされているが、その道筋は容易ではないだろう。南スーダンにおける困難は、支配と搾取、内戦の歴史に加えて、独立以後も改善されない政治的暴力、低開発、困難な財政状況、飢饉や自然災害など複合的理由によってもたらされている複合的危機にあり、2019年末の現在に至るまで引き続き人々の生活は危機的状況にある。4百万人の人々が国内外に避難し、南スーダン人口の3分の2に相当するといわれる約7百万人の人々が、何らかの支援が必要とされている[11]。国際社会は引き続き、南スーダンに資金援助を行っているものの、そのほとんどは人道支援に向けられており、復旧・復興への道のりは遠い[12]。この複雑な課題にいかに取り組むか、国際平和活動の大きな試練が横たわっているのである。

　この第2章では、第Ⅱ部で事例研究として扱う南スーダン成立の背景にある内戦と国際社会全体による国際平和活動について整理した。

推奨図書

1．Douglas H. Johnson, *The root causes of Sudan's civil wars: old wars & new wars*. James Curry Paper, 2003.

2．栗本英世『民族紛争を生きる人びと：現代アフリカの国家とマイノリティ』世界思想社、2000年。
　　南スーダンの成立と現在の混乱の背景としてスーダン紛争を知るには上記2冊が参考になる。

3．Johnson, H. F., *South Sudan: The Untold Story from Independence to Civil War*, Bloomsbury Publishing, 2016.
　　初代の南スーダン担当国連事務総長特別代表を務めたヒルデ・ジョンソンの回

顧録。2013年の治安悪化に至るまで、南スーダンの政治指導者たち、トロイカ体制と国際社会の挟間にあった立場から、国際社会が自省すべき課題も論じている。

4．国際開発高等教育機構『平成21年度外務省委託報告書　平和維持・構築分野における国連諸機関の活動評価：現地での連携と調整』国際開発高等教育機構、2010年。

　　移行期の国際社会の支援の概要を日本語で知るための資料として参考になる。英語では以下が参考になるだろう。

5．OECD, *2011 Report on International Engagement in Fragile States: Republic of South Sudan,* OECD Publishing, 2011.

1）OLS については以下を参照。Lam Akol, "Operation Lifeline Sudan: War, Peace and Relief in Southern Sudan," *Accord Issue 16,* 2005, pp.52-55.

2）CPA の全文は、アメリカにあるノートルダム大学クロック国際平和学研究所のデータベース Peace Accord Matrix にある。https://peaceaccords.nd.edu/sites/default/files/accords/SudanCPA.pdf

3）UN Document, S/RES/1590, 24 March 2005.

4）JAM の全文は、以下のリンクを参照のこと。https://reliefweb.int/organization/jam-sudan

5）クラスターアプローチとは、保護、食料、保健、教育、シェルターなど専門分野ごとに、活動アクターが協力してニーズ調査、活動の優先順位付け、計画策定などを行うことを通じて、支援の格差や重複を避けようとする試み。

6）90年代のアメリカによる南部スーダンへの関与は下記論文参照。川口智恵「南部スーダン危機対応における包括的アプローチの形成：米国と EU を事例に」『国際公共政策研究』第23巻第 2 号、2019年 3 月、25-37頁。

7）ITAD et al., *Mid-Term Evaluation of the Joint Donor Team in Juba, Sudan,* Evaluation Report 2 /2009, (Oslo: Norwegian Agency for Development Cooperation), January 2009, p.13.

8）OECD, *International Support to Post-Conflict Transition: Rethinking Policy, Changing Practice,* DAC Guidelines and Reference Series, OECD Publishing, 2012.

9）OECD, "2011 *Report on International Engagement in Fragile States: Republic of Sudan,*" OECD Publishing, 2011, Annex E を参照に表 2 - 1 を作成。表内の JDT は（Joint Donor Team）。MacDonald はコンサルタント会社。

10）その結果、人道以上開発未満のプロジェクトによる人々のレジリエンス強化、そして予防の必要性が増している。詳細は、以下 Chigumi Kawaguchi, "Comparative analysis of donor approaches to the continuum under a fragile peace: the case of South Sudan," in Astushi Hanatani, Oscar A. Gómez and Chigumi Kawaguchi eds., *Crisis Management*

Beyond the Humanitarian-Development Nexus,（New York; Routledge），2018, pp.75-100.

11）OCHA, *2019 Humanitarian Response Plan South Sudan,* December 2018.

12）OECD ドナーによる対 ODA 総額（2016－2017年）は、21億8700万ドル（USD）であり、その70％は人道支援に向けられている。OECD-DAC のデータベースベース Aid at a Glance にて対南スーダン援助を検索した結果。

http://www.oecd.org/dac/stats/aid-at-a-glance.htm#recipients

【川口智恵】

コラム1：忍足謙朗氏インタビューコラム
人道支援における組織間調整 ─ WFP の経験をもとに

忍足謙朗氏プロフィール

　アメリカの大学院を卒業後、いくつかの国連機関を経験し、WFP でキャリアを歩み始める。ザンビア、レソト、クロアチア、カンボジア、ローマ、コソボ、タイ、スーダン事務所で勤務した後に、2009年から WFP アジア地域局長を務めた。現在は国際協力に興味をもつ若い世代の育成に力を入れている。

> 人道支援には、人道や開発に関わる国際機関だけでなく、軍、NGO、ドナーなどの数多くの機関が関与しています。WFP でのご経験から、各アクターとの協力関係についてお聞かせください。

　WFP は紛争や災害において、食糧を届ける緊急支援を行う機関ですが、一方で飢餓のない未来をつくるための開発支援を行う機関でもあります。人道支援と開発支援の両方を担っている機関と考えて下さい。

　WFP の人道支援活動は食糧安全保障という観点から、中立な立場で活動することが求められます。軍との関係は非常にセンシティブな問題がありますが、現地へのアクセスの問題、スタッフ、物資の安全確保のために、政府軍とも、反政府軍とも連絡を取り合うことがあります。また、自然災害の場合は支援に入った外国の軍との連携も頻繁に行います。国連では一般的に軍との連携は「ラスト・リゾート（last resort）」（最後の手段）と定められていますが、自然災害ではもっと積極的に民軍連携が実行された方が良いと、個人的には思います。災害初期では軍のハードウェア（ヘリや輸送機）がないと支援物資もスタッフも被災地に入れない状況があるからです。

　国際 NGO とは食糧配給のパートナー（Cooperating Partner: CP）として協力関係にあります。例えば、スーダンのダルフールでは、約200万人の避難民が150ものキャンプに分かれて避難していました。食糧は WFP がすべて用意しますが、WFP だけでは全てのキャンプで配給を実施することはできないので、WFP は幾つもの NGO に食糧を届け、その先の管理と配給は NGO に任せていました。国際 NGO との協力が多いですが、それは食糧を配給する公平性を政府がもたない紛争時などは、中立的とみなされる国際 NGO は WFP にとって連携がとりやすいパートナーだからです。国際 NGO との協力関係は、このようにして自然とできあがった関係ではないかと思います。国によってはナショナル NGO にお願いすることもあります。災害時における人道支援ではまず問題はないのですが、ナショナル NGO にもさまざまな政治的立場があるので、紛争時における人道支援ではそれぞれの NGO の性質やキャパシティを見極めなくてはなりません。

　WFP とドナーの関係はドナー国によって異なります。アメリカ国際開発庁

（USAID）や EU は、現地に人道支援や開発支援の専門家を常駐させ、WFP の予算の使い方や現地でどのような活動をしているかをよく見ています。これは日本のケースとは大きく異なります。日本の場合、WFP に援助する資金は外務省から出るので、現地日本大使館との連携はある程度ありますが、WFP の活動を細かく監視されることはまずありません。開発援助機関である JICA とは稀に共同でプロジェクトを実施することはありますが、USAID のように WFP に対するアメリカの拠出金や WFP の活動をモニタリングされることはありません。

> 緊急性の高い支援の場合には、現地での人間関係や個人の経験などが協力に影響する場合もあるかと思いますが、どのように考えられますか？

　緊急援助に限らず、現場で他の組織と共同でプロジェクトを実施しようとするときには、個人的な人間関係に依存する場合もあると思います。緊急支援の場合、もっと具体的に言えば、軍との連携では、軍人としてのバックグランドを持つ WFP のシビル・ミリタリーオフィサーが関わることで話がスムーズに進むことがあります。また、現地の状況をよく理解しているローカルスタッフはいろいろなネットワークを持っている場合もありますし、重要な役割を果たしています。そのため、管理者の立場からは、ローカルスタッフがいかに WFP で働くことに誇りを持ってもらえるかという点を重視して仕事をしてきました。

> PKO のあり方も変わってきたと思います。PKO とはどのような関係性がありますか？

　いわゆる統合ミッション（Integrated Mission）の形態をとる PKO が実施されるようになると、人道・開発関連の国連機関も複雑な PKO ミッションに正式に組み込まれることになりました。WFP は人道支援を行う上で、中立の立場を守る必要がありますし、一概に活動しやすくなったと言うことはできません。ただし、週に一度、事務総長特別代表（SRSG）の下に、関係機関の代表者が集まる機会ができたり、人道調整官（HC）と常駐調整官（RC）を兼ねた副事務総長特別代表（Deputy SRSG）が設置されたりしたことで、PKO との関係は確かによくなりました。しかし、こうした複雑な人道支援システムでは、国連人道問題調整事務所（OCHA）などの調整コストも大きくなります。現場からの視点で言えば、人道・開発支援活動にネガティブな影響があってはいけないと思いますが、調整の手間やコストなどカットできるところはあると思います。

　日本の国際協力をどのような方針で、国際社会でどのような存在感を持ちたいか、政府の枠組みを超えて考える場が必要だと思います。JICA、国連機関、国際 NGO、日本の NGO、PKO も含め、多くの国際協力のツールがあるので、縦割りにバラバラに考えるのではなく、もっと大きな戦略的視点をもって日本の国際協力の方針を考え、ツールを使い分ける必要があると思います。その上で、国連の人道・開発支援のコストパフォーマンスなどを見極めて数ある組織への拠出金を客観的にアドバイスできるような援助の専門家グループも必要であると思います。私も次の世代の人たちに少しでも国際協力に興味を持ってもらえるように、これまでの経験を踏まえて活動していきたいと思っています。

【湯浅拓也（流通経済大学）】

コラム2：南スーダンとPKO ─アクター間協力の現場から

　PKOのアクター間協力を戦略的な観点から考えると、3つの主要な関係性を検討すべきであろう。第1に、当該国政府との関係、第2に、安保理を中心とする加盟国との関係（安保理理事国、近隣国、要員派遣国、ドナー等を含む）、そして第3に、現場における国連諸機関（カントリー・チーム）との関係である。本コラムでは、PKOの現場で統合戦略の策定に関わる立場から、国連カントリー・チームに注目して、一般的な政策指針と南スーダンの現状を織り交ぜて議論してみたい。

　国連カントリー・チームとPKOの関係においては、「統合」的なアプローチが追及されて久しい。統合アプローチを進める政策枠組みとしては、旧来の「統合ミッション計画プロセス（IMPP）」に代わり、「統合評価・計画指針（IAP）」が2013年に採用された。IMPPが統合ミッションの計画・運用に重点を置いていたのに対し、IAPは国連全体の統合推進に焦点を当てており、4つの必要最小限度の達成事項を明記している。それらは、（1）戦略アセスメントを共同して行い、紛争要因や平和構築に向けた優先課題に関する共通理解をもつこと、（2）国連全体としての共通の戦略目標、優先課題、役割分担を設定すること、（3）統合アプローチを進める統合的な組織を作ること、そして、（4）統合的なモニタリング・評価を行うこと、である。

　上記の4条件を南スーダンに当てはめていくと、まず（1）の統合戦略アセスメントはある程度定期的に行われており、最新のものは2016年11月に行われたものである。他方で、2017年12月に実施されたアセスメントは統合アセスメントではなく、UNMISSに特化したアセスメントとなった。（2）については、これらの要素を含む統合戦略枠組み（ISF）を策定することが求められるが、南スーダンにおいては2012年に安保理決議の要請を受けて作られた「南スーダン平和構築支援計画」以降、ISFに相当する文書は存在しない。ただし、カントリー・チームの戦略枠組みである国連開発枠組み（UNDAF）に相当する、2019-2021国連協力枠組みの策定、履行にUNMISSは参加している。（3）については、現在の多機能型のPKOの多くは所謂「統合ミッション」という形を取っており、UNMISSも、2人の事務総長副代表のうちの1名は、常駐調整官（RC）、人道調整官（HC）を兼務しており（トリプルハットと俗称される）形式的にカントリー・チームと組織上の関係を有している。しかし、これ以上の組織的な統合はされておらず、他のPKOに見られるような「統合計画ユニット」や、常駐調整官事務所との同居は行われておらず、ISFが存在しない中、十分な統合組織は存在しない。（4）についても同様で、ISFが存在しないため、国連協力枠組みはあるものの、統合的なモニタリング・評価を行う基礎が弱い状態である。

　それでは、南スーダンにおいては、統合アプローチは取られていないのかというと、必ずしもそうとは言えない。南スーダンにおける国連PKOの歴史は、包括和平合意

（CPA）履行支援を行ったUNMISから始まり、独立と共に立ち上げられたUNMISSは、国家統治の浸透と地方行政の支援を目的として、能力構築支援をマンデートの中核としていた。この間、南スーダンの国づくりのため、ISFに相当する南スーダン平和構築支援計画が存在し、統合アプローチが推進された。しかし、2013年12月の政治危機を端緒とする事実上の内戦は、国連の南スーダンへの関わり方を大きく変え、UNMISSのマンデートも国づくり支援から文民の保護中心に根本的に変更された。そして、国際社会の関心は人道支援に向き、南スーダン政府が紛争当事者となったことにより、対政府の支援を軸にするカントリー・チームの支援も極めて制約されることとなった。しかしながら2017年に入り、紛争が長期化し、人道状況が悪化し続ける中、平和と安全（政治）、人道、開発の各分野が協力して、和解、安定化、レジリエンス強化を進めるという方向以外に、現在の危機を乗り越える方法はないという強いコンセンサスが生まれつつある。

　それでもなお、実際の統合アプローチ、アクター間協力を進めるには数々のハードルが存在する。

　第1に、諸機関のマンデートと監督組織が異なる問題がある。UNMISSは安保理から授権されている。他方で、国連諸機関はそれぞれの理事会に対して責務を負っており、国連全体のパフォーマンスよりも、それぞれの上部組織に対する成果を追求しがちである。

　第2に、資金面および会計年度の違いがもたらすハードルは想像以上に大きい。例えば国連PKOは7月から翌年6月までが会計年度であるが、多くの国連機関は暦年を会計年度とする。この場合、ISFを作るにもそれぞれの年次計画との整合性の維持が問題となる。これに加え、PKOのマンデートが安保理によって、年度の途中でも簡単に変更されることも問題を複雑化する。資金面で見ると、多くの人道支援への資金には厳しい制約がつけられており、人道、開発、平和構築を跨いだプログラムに使用できない。特に、特定のドナーが特定のプログラムに拠出するという現在のドナー支援のあり方は、断片的な支援とプログラム間の競争を引き起こしている。

　第3に、上記2つの問題を回避するためには、安保理や各理事会のメンバーである加盟国が一貫した戦略に則り、意思決定レベルで調整することが理想であるが、実際には安保理や各理事会、予算委員会等において、1つの加盟国が一貫した姿勢を示すことは稀である。これは、国内において国連機関毎に担当省庁や部局が異なることが影響していると言われている。

　第4に、国連諸機関は多くの場合、財務、入札等に関し異なる内部規則を有しており、実務レベルで細かな障害を生む。加えて、組織文化もPKO、人道、開発機関では大きく異なり、統合アプローチは「永遠の相互理解プロセスである」と言った戦略計画官の同僚もいる程である。

　最後に、統合アプローチを進める上で、人道的なスペースをいかに維持するかも、簡

写真：石川直己提供

単な答えのない問題の1つである。

　では、どのようにこれらの問題を現場では解決しようとしているのか。アクター間協力は、すべてのアクターが協力に対するインセンティブを認識しない限り実現しない。その意味で、現在醸成されつつある和解、安定化、レジリエンス強化を中心的な戦略目標に据えるコンセンサスは大きな機会である。これを更に進めて行くためには、事務総長特別代表とトリプルハット副代表を中心としたリーダーシップの発揮、実務レベルでの継続的な協力、そして、具体的な成功体験が重要と思われる。最後の点に関して、現在南スーダンのいくつかの地域で、UNMISS が和解プロセスへの支援をする中で、人道関係機関が人道支援を行い、開発機関が和解プロセスと関連付けた復興支援を行うといった統合的なアプローチの実施を試みている。グローバルなレベルでは、グテーレス事務総長が平和と安全、人道、開発といった国連の柱を超えた統合アプローチを強力に推進しようと試みており、南スーダンにおいても、今後数年間でどこまで新たなアプローチを実現できるか、我々の力が問われている。

【石川直己（UNMISS ミッション計画官）】

※本稿で記された見解は、筆者個人のものであり、必ずしも国連の見解を示すものではありません。

コラム3：日本外交からみた南スーダンと国際平和活動

　南スーダンは、長年に亘る内戦と2005年の包括和平合意を経て、2011年7月に独立した。独立当初からPKO（UNMISS）が展開したが、2013年12月の政治危機以降は一部地域で治安が悪化し、国内避難民・難民が大量に発生するなど世界最大規模の人道危機が継続している。その中で、国際社会は国内の治安の改善、政治プロセスの推進、人道支援などの取組を進めている。

　日本はこれまで国際社会とともに、南スーダンの平和と安定、自立に向けて、国連安保理での審議や、自衛隊やJICAなど現場での取組に貢献してきた。本稿では、日本がいかなる外交的観点からどのような貢献を行い、どのような成果を上げてきたのかについて、簡潔に説明したい。

日本外交にとっての南スーダン

　日本は、先の大戦の反省に立ち、「平和国家」を自任して、世界の平和を推進するための様々な取組を進めてきた。唯一の被爆国として核軍縮・不拡散を推進することはその最たるものであるが、冷戦後の世界が直面してきた喫緊の平和の課題は、アフリカをはじめとする各地での内戦の終結と、国民和解と国家建設、すなわち平和構築であった。

　中でも長年内戦を抱えたスーダンは、多くの国と国境を接し、アフリカの平和を実現する上で要となる国であった。2005年の包括和平合意で、平和実現に向けての大きなモメンタムが生まれた。日本は、JICAや国際機関、NGOを通じた平和構築支援の開始やPKO（UNMIS）への司令部要員派遣など、前向きな貢献を進めた。2011年7月の南スーダン独立と新たなPKO（UNMISS）の発足は、日本にとって、自らの強みを更に生かしてアフリカの平和実現に貢献する大きな機会となった。

国際平和活動への日本の貢献

　日本は、2012年初頭からUNMISSに350名規模の自衛隊施設部隊を派遣し、ジュバでの施設業務を担った。日本は、カンボジア、東ティモールのPKOに施設部隊を派遣した経験を基盤に、高い能力と規律でUNMISSの活動に大きく貢献した。2013年12月の政治危機後、UNMISSの任務は文民保護が中心となったが、ジュバ市内や主要都市との道路整備は継続し、南スーダン国民にも裨益して大いに感謝された。また、2016年7月のジュバ衝突後は、ジュバのUNMISS宿営地の擁壁・退避壕等の増強を行い、UNMISSの安全性向上に大きく貢献した。2016年秋に派遣された第11次隊からは「駆け付け警護」等の新任務も付与された。2017年3月、開始から5年を超えるタイミングで部隊派遣終了を決定し、5月末に撤収、他の形での支援にバトンタッチすることとなった。

　日本は司令部要員を当初2名派遣し、間もなく4名に増員した（分野は施設、兵站、

情報、航空運用）。部隊撤収後の現在もこの貢献を維持しており、現時点で日本の
PKO に対する唯一の人的貢献となっている。

人道・開発支援を通じた貢献

　　しかし、PKO への貢献は、日本の南スーダンの平和と安定への貢献の一部に過ぎな
い。JICA は、2005年の包括和平合意直後から、当時の南部スーダンの安定と発展に最
も効果的に貢献する分野を特定し、着実な支援を進めてきた。特に、ナイル架橋（フ
リーダム・ブリッジ）、ジュバ水供給、ジュバ河川港の三大インフラ事業の実施は、国
民の生活に裨益し将来の発展に希望を与えるものとして大いに歓迎された。2016年７月
のジュバ衝突で治安上の理由から工事が中断したが、その後ナイル架橋とジュバ水供給
は工事が再開した。その他、JICA は職業訓練、教員研修、公営メディア支援、税関支
援、更に国民和解促進のための「南スーダン版国民体育大会」開催支援も行い、目に見
える成果を上げてきた。

　　更に、日本は国際機関と連携して人道支援も行ってきた。欧米諸国と比べて金額は小
さいものの、人道から開発への移行を視野に、短期と中長期の双方で効果のある支援に
焦点を当ててきた。例えば、WHO と連携した献血制度構築、UNOPS と連携したミ
ンカマン河川港建設、UNDP と連携した警察支援、UNDP・UNICEF・FAO・WFP
および他のバイ・ドナーと連携した回復・安定化支援などは、日本の主導により実現に
至ったものである。

政治プロセスへの関与

　　日本の南スーダンへの関与は現地だけではない。2016年から17年まで、日本は国連安
保理非常任理事国を務め、南スーダンでの危機対処や UNMISS の運営についても、安
保理の一員として議論に貢献してきた。その中で、2016年７月のジュバ衝突に伴う反政
府勢力の分裂と治安の悪化、国内避難民・難民の増加を受けて、同年12月に南スーダン
に武器禁輸導入・個人制裁強化決議案が採決に付され、米国等が賛成票を投じる一方、
アフリカ諸国や日本等が棄権票を投じて否決されたことは、日本にとっても政治プロセ
スの重要性を改めて認識させるものであった。

　　翌2017年年初に、日本は国民対話支援を表明して政治プロセス推進に積極的に関与・
貢献し、2018年に入り、政府・反政府勢力間対話の中心となるハイレベル再活性化
フォーラムの実施に対する支援も開始した。更に、IGAD の取組に対しては、補正予算
や国際平和協力法に基づく物資協力を通じて支援を行っている。

　　国際平和活動による当面の治安の改善は、経済・社会全体の安定と政治プロセスの進
展により、初めて持続的な成果をもたらすものである。日本も、これまでの国際平和活
動への貢献をはじめ、幅広い関与と貢献を継続することで、南スーダンの平和実現に貢
献することが期待される。

【紀谷昌彦（元南スーダン大使）】

Ⅱ
国際平和活動の研究アプローチと事例分析

国際平和活動におけるアクター間協力を分析するにあたり、いかな
る研究アプローチを採用することができるだろうか？　第Ⅱ部で
は、国際法、政治学、国際組織研究、政策研究を取り上げる。コラ
ムでは計量分析、資料（史料）分析の手法についても学ぶ。さらに、
南スーダンの事例をもとに、国際平和活動およびアクター間協力を
多角的かつ実践的に分析する意義と方法を検討する。

自衛隊が施工したジュバ市内ナバリ地区道路の標識（第6章）
川口智恵　撮影

第3章　国際平和活動と法

はじめに

　本章は、国際平和活動という事象に対して法学的な観点からどのような分析ができ、研究を進めていくことができるのか、さらに学術研究上の論点としていかなる問題があり、実務上の検討課題が存在するのかを論じる章である。第Ⅱ部の他の章やコラムでは、政治学、国際組織研究、政策研究、統計分析、歴史研究といった各研究分野から解説がなされるが、本章は法学の分野に焦点を当て、その中でも特に国際法学の分析枠組みの下で検討を進めていく。

　第Ⅱ部のねらいは、まえがきにも記載しているとおり、本書を手にする国際平和活動に関心のある読者が、様々な学問上の研究アプローチと関連させて分析の枠組みや方法論を理解してもらうことにある。特に本章では、国際平和活動という極めて政治的・政策的な問題領域に対し、法学的見地からどのように分析しうるのか、そして研究上および実務上の論点としていかなる課題が存在しうるのかを明らかにすることを目的としている。

　本章の構成として、第1節で国連憲章体制と国際平和活動の関係性に着目し、国際平和活動の類型化を踏まえながら国際連合との関わりを論じていく。第2節では国際法学の分野において、国際平和活動がどのように学問史的に位置づけられ、研究がなされてきたのかを整理する。第3節では日本の対南スーダン支援の事例を素材に、国際レベルと国内レベルの「法制度的枠組み」に着目し、これがいかなる制度を形成してアクター間協力をもたらしうるのかを考察する。最後に本章全体のまとめとして、研究と実務における論点と課題を提示し、今後の研究および実務への示唆を与える。

1.　国連憲章体制の下での国際平和活動

1.1.　国際平和活動の類型

　本書の考察の基盤となった『国際平和活動における包括的アプローチ』では、国際平和活動の類型を「①国連平和活動、②安保理の授権を得た多国籍軍型軍事活動および地域機構による活動、③安保理の授権のない活動、④国連カントリー・チームや NGO による活動」の 4 つに分類した。[1]　本書でもこの区分を維持しながら、その後の進展を踏まえて国際平和活動の基本的な内容を説明する。

　①の国連平和活動としては、まずは国連平和維持活動（PKO）が挙げられる。PKO は、その展開についての a）紛争当事者の同意、b）活動の公平性、c）自衛に限定した武力行使という 3 原則の下、冷戦期は停戦監視や兵力引き離しが中心的な活動であった。しかし1990年代の地域紛争が多発した時期に展開した PKO は、国家機能の再建をはじめとした紛争後の平和構築を担うために多様な任務が与えられたり（カンボジアの UNTAC、コソボの UNMIK、東ティモールの UNTAET）、時には敵対する武装勢力を排除するため強制的な武力行使の権限が付与されたりした（ソマリアの UNOSOM II）。2000年代の PKO は、1990年代までの PKO の展開を教訓にして国連平和活動の今後のあり方を検討した『ブラヒミ・レポート』（2000年[2]）の影響を受け、国連憲章の第 7 章という国際法上強力な権限の下で設置が進み、[3]強化された PKO として文民保護の任務をはじめとした現地の治安の維持・回復の任務を帯びるようになった。2019年から過去10年間の PKO 要員（軍・警察・国連関係者）の統計では、2015年12月から2016年 1 月にかけての10万 7 千人をピークとして2019年 9 月現在は 8 万人台で推移しており、[4]その大部分がアフリカ地域に展開している。PKO 以外では、国連による政治・平和構築ミッション（political/peacebuilding mission）も国連平和活動に含まれる。

　こうした活動に関わる国連の機構上の区分としては、2017年 1 月に就任したグテーレス（António Guterres）事務総長の下で機構改革が進められ、2019年 1 月から平和維持活動局（DPKO）が平和活動局（DPO）に、政治局（DPA）が政治・

平和構築局（DPPA）に改編された。役割としては、DPO が平和維持活動全般の計画立案・実施というオペレーション上の責任を担い、平和構築支援事務所（PBSO）を組織内に包含した DPPA が、平和構築（peacebuilding）の領域をはじめ、紛争の平和的解決や選挙支援活動に関わる平和創造（peacemaking）、早期警報や紛争分析に関わる予防外交／紛争予防（preventive diplomacy/conflict prevention）に区分される諸活動を担うようになった[5]。この機構改革の特徴の１つは、行政組織における「縦割り」の弊害をなくすことにある。旧来のDPKO と DPA の両組織にあった地域部を統合することにより、活動の重複をなくし、情報集約における一元化が目指された[6]。

②の安保理の授権を得た多国籍軍型軍事活動および地域機構による活動は、国連安保理による武力行使の許可を受けた、いわゆる安保理授権型の軍事活動を指す。安保理の授権決議の下で有志国が主導する活動もあれば、北大西洋条約機構（NATO）や欧州連合（EU）、西アフリカ諸国経済共同体（ECOWAS）やアフリカ連合（AU）といった地域機構が活動実施の主体となるケースも増えている。国際法上は一般に禁止される武力行使を国連安保理が決議の下で許可することによって軍事行動が正当化されるため、国連の集団安全保障の発動としても捉えることができる[7]。

③の安保理の授権のない活動は、国連が関与するのではなく、受入国の要請に応じる形で展開するミッションである。紛争処理の現場において、様々な政治的事情や受入国または周辺国の思惑により、国連の関与を避けて対応がなされるケースがある。該当する事例として、スリランカやミンダナオ、アチェ、シナイ半島などに展開した、あるいは展開中の監視団であり、多くは停戦・休戦・和平状況の監視を任務とする。ソロモン諸島地域支援ミッション（RAMSI）のように、豪州を中心とした多国籍からなる軍や警察が介入し、一時的な治安維持の役割を担ったケースもある[8]。いずれにしても、これらの事例は受入国の要請に応じる形で派遣されるものであり、当該国の同意を前提とする限り、国内治安の維持・回復に伴う武力行使は、国際法上禁じられる活動ではない。

④で挙げた国連カントリー・チーム（UNCT）とは、国連の各種基金やプログラム、専門機関の代表で構成される調整体である。被支援国に対する支援の戦略や課題を検討する意思決定プロセスの中で、国連の各機関の参画を確保す

るために機能する組織である。この中で国連常駐調整官（RC）が各種アクターとの活動調整に尽力する。とりわけ人道支援活動の現場では、国連人道問題調整事務所（OCHA）の人道調整官（HC）が、現地で各アクターとの調整の任にあたる。このほかに、国際平和活動には多様な非政府組織（NGO）も関与し、人道支援活動をはじめとした多様な活動に従事している。紛争時に活動するNGOの中でも国際法上特別な地位を付与されている組織として、赤十字国際委員会（ICRC）がある。ICRCは、国際人道法の基本原則と武力紛争下における条約締約国の義務を定めたジュネーヴ諸条約において、特別な法的地位が与えられている。[9]

　こうした類型化は、「複合的危機に陥っている国家ないし地域の平和の回復・維持・構築を目的とした国際機関、地域機構、二国間または多国間の取極めおよび非政府組織による諸活動[10]」という国際平和活動の定義の下で、活動実態を捉えて国連の関与の度合を基軸に分類したものである。

1.2. 国際平和活動と国際法

　国際平和活動を国際法の観点から捉えると、いかに平和の回復・維持・構築を目的とした活動といえども領域国以外の主権国家や国際組織による関与は、国家の領域主権を尊重する必要があり、国内管轄事項不干渉（内政不干渉）の原則の遵守が求められる（憲章第2条7項）。したがって、活動受入国の同意や要請を包含した和平合意や停戦合意の中で、①や③に該当するPKOや停戦監視団の展開に合意が得られていれば、国際法上の不干渉原則に照らして問題は生じない。④の国連カントリー・チームは、そもそも領域国の要請や同意に基づいて展開する人道または開発援助機関であり、その活動の調整体であるため領域国の主権を尊重する限りにおいて国際法上の問題は生じない。同種の活動を行うNGOについても同様である。他方で②に該当する活動は、平和維持ではなく平和強制（peace-enforcement）にあたる活動であり、本質的には憲章第7章の下でとられる強制措置であるため、憲章第2条7項但書が示す不干渉原則の例外にあたる措置である。主要な紛争当事者が参画し締結する和平合意の中で、現実には多国籍軍型軍事活動の展開に予め同意が得られていたとしても、当該活動の本質は平和維持（peace-keeping）の範疇にとどまらない強制措

置（平和強制）であることに留意が必要である。

　次に、武力不行使原則（憲章第2条4項）との関連でいえば、武力行使（use of force）を伴う可能性のある活動は、①のPKOや、②の多国籍軍型軍事活動、③の枠組みで展開する軍隊が治安維持を担うケースが該当する。だが現代の国際法における武力不行使原則の下で例外的に許容しうる武力行使の態様は、自衛権に基づく場合と、安保理の授権に基づく国連の集団安全保障措置の場合のみである。この点でPKOの原則と教訓を整理した『キャップストーン・ドクトリン』では、憲章第7章の下でマンデート（職務権限）が与えられた強化されたPKOであったとしても、それは戦術レベルの武力行使であって自衛の範疇に含まれるものであり、安保理が武力行使を授権する平和強制としての武力行使とは異なるという認識を示した。後者の平和強制としての武力行使は、安保理の授権がなければ憲章第2条4項が禁じる戦略レベルまたは国際レベルの軍事力の行使であり、先述したように主要な紛争当事者からの同意は本質的には不要な性質の活動として位置づけられた。[11] したがって、上記①のケースでは、その武力行使の性格は自衛概念の下で違法性が阻却されるものであり、②のケースでも安保理の授権がある限り、国際法上は正当な武力行使である。③のケースは国内の治安維持であり、法執行活動に類する性格のものである。[12]

　ただし、上記のような武力行使の合法性に関する解釈は戦争開始に関する法、すなわち開戦法規（jus ad bellum）上の問題であり、国際人道法（武力紛争法）にあたる交戦法規（jus in bello）上の問題、すなわち武力行使の態様の適法性に関する問題は別である。法執行活動の烈度を超える武力行使が求められる状況下では、PKOであれば事務総長の告示に従って国際人道法の遵守が求められるし、[13] 安保理の授権を得た多国籍軍であっても、軍事活動遂行中は個々の多国籍軍参加国が国際人道法を遵守することが求められる。

2．国際法学と国際平和活動

　前節では、国際平和活動にどのような活動類型があるのかを指摘した上で、国連憲章体制の下で国際法との関係性について整理を行った。特に現代国際法

の基本原則である不干渉原則や武力不行使原則を国際平和活動の各活動類型に適用した場合、どのように評価しうるのかを明らかにした。本節では、国際法学の研究アプローチから国際平和活動を分析する際の手がかりとして、これまでにどのような研究がなされてきたのかを学問史の観点から整理した上で、具体的な研究史を紹介する（注で挙げた文献名の旧字体は新字体に変換している）。なお、本書の主題である国際平和活動は、冷戦終結後の国連等による紛争への対応が主眼であるため、本節で取り上げる研究史も国連創設後の研究を対象にし、後述する日本における学問史上の関係性により、第5章の国際組織研究で紹介される文献との重複があることを予め指摘しておく。

2.1. 国際法学と国際組織研究

　日本の学会史を紐解くと、1897（明治30）年3月4日に設立された国際法学会が、法律の分野では当時の日本において唯一の全国的な学会であった[14]。条約改正問題や日清戦争の講和条約など研究すべき事項がありながら、日本では国際法の知識が十分に普及していなかったという認識の下、国際法の研究、国際知識の普及、条約改正の研究といった目的をもって学会が設立された。当時はほかにも法律分野の学会はあったものの、特定の大学の付属的なものであり、全国の学者を網羅した全国的な学会ではなく、国際法学会だけが全国の国際法、国際私法、外交史の専門家を会員としていた。そして1902年に学会誌『国際法雑誌』（現『国際法外交雑誌』）が刊行された。同誌上では、1920年代に設立されて間もない国際連盟に関する論説が掲載され[15]、1956年12月の日本の国連加盟の前には「国際連合の10年」と題する特集号が刊行されるなど[16]、国際組織の研究に対して国際法学は重要な学問上の貢献をしてきた。

　一方、世界的には日本の国際法学会よりも前の1873年に、万国国際法学会（Institut de Droit International）が設立された。同学会は、「公的性格を持たない純粋に私的な学問的団体」であるが、「国際法の発展を促すことをその目的として、国際法の諸原則の定式化、国際法の漸進的法典化における協力、国際法諸原則が公式に受け入れられることの追求、平和の維持および戦争法の遵守への寄与、国際法の解釈適用における問題の研究、出版や教育を通じての人々の相互関係における正義と人道の諸原則の宣揚を行う」ことが規程に明記されて

いる。同学会の本会議では決議や宣言を採択しており、これらは公的なものではないが、諸国家の実行や国際会議などに対して一定の影響力を有している。

　また同年には国際法協会（International Law Association）も設立され、「国際公法および国際私法の研究、解説、発展ならびに国際理解の促進および国際法の尊重」をその目的に掲げている[18]。さらに1920年には、国際法協会の日本支部が設立された。万国国際法学会と比較して国際法協会は会員の範囲を広くし、協会の事業についても、学究的な性格だけでなく実践的視座を有する点に特色があり[19]、学者だけでなく法律実務家やその法人も会員に含んでいる。

　このように国際法学の分野では、国際連盟より古い時代から学術団体が設立され、国際条約の研究をはじめとして、国際裁判や戦争法、さらに国際情勢に関わる研究が展開されてきた。日本国際政治学会の設立が1956年であることに鑑みても、第2次世界大戦直後の日本における国際連合の研究は、国際法学者を中心とした法学分野によって進められてきたといえよう。たとえば当時の代表的国際法学者である横田喜三郎は、国連設立の1-2年後に国連を主題とした研究書を公刊している[20]。また、田岡良一や芳賀四郎の研究書にあるように、研究の主題として国連憲章を対象としていることからも、条約の解釈・適用を中心とした国際法学からの研究アプローチが国連の活動を分析・評価する際の有用な手法であった[21]。

　1980年代に国際組織と国際法との関係性を考察した横田洋三は、国際組織の出現と発展への影響について、第1に設立条約によって国際組織が作られ、設立条約だけでなく国際組織が締結した条約が実定国際法として研究対象になる点、第2に国際組織という新たなアクターが生まれることで、国際法主体性の議論をはじめ、国際法の様々な分野で国際組織というアクターが研究対象になるという点、第3に国際組織の出現と発展が国家主権に影響を与え、国家のあり方や国際法体系に変化をもたらしている点、第4に国際組織が国際法の定立・執行・裁判という法過程に関与するようになり、国際組織が国際法に影響を与えている点を指摘するとともに、国際法の側からも、国際組織が設立条約という国際法によって設立され、権限や活動の基礎が与えられるという点、さらに国際組織は設立条約以外にも当該組織が締結した条約や慣習国際法の規律を受け、その地位や活動が実定国際法の影響を受ける点などを指摘し、国際組

織と国際法の密接な結びつきを示した。また、国連難民高等弁務官に就任する前の緒方貞子は同時期に、国際組織研究を主導してきた国際法学の分野では、「国際社会の無政府的・無秩序的な状態と、理念上の世界政府を両極端とする尺度を想定して、国際組織をその中間に位置づけるという思考方法が一般的に見られた」と評し、研究の中心課題は、各組織が国家とどのような関係にあり、この尺度上のどちらの方向へ発展しているかということを明らかにすることにあったと指摘した。[23]その上で、国際組織を「国際社会の組織化」という歴史的動向として捉える見方を提示した国際法学者の高野雄一の研究は、[24]国際組織研究の発展に大きく貢献したと評価した。[25]

　このような学問史からも明らかなように、国連をはじめとした国際組織の研究は国際法学の分析対象になりうる。しかし国際組織の活動領域の拡大とともに、国際政治学や国際関係論の学問的発展によって、制度論を中心とした政治学（本書第4章）、国際組織研究（本書第5章）、政策研究（本書第6章）といった多様な研究アプローチが採られるようになった。学会史としても1998年に設立された日本国際連合学会は、「国連システムの研究とその成果の公表および普及を目的」（規約第2条）とし、国際法、国際政治、外交史、国際経済、行政学、政策科学、社会学など、広く国際関係に関連する社会科学領域を包摂している。[26]このような学問史を踏まえて、次項では国際平和活動に焦点を当てた研究史を取り上げる。

2.2. 国際法学における国際平和活動の研究史

　国連創設後の日本の学界では、前項で取り上げた国際法学者の手による国連憲章に着目した研究がなされたが、本書の主題である国際平和活動に密接に関連した研究としては、PKOという国連の活動内容に焦点を当てた研究が挙げられる。冷戦期のPKOであれば香西茂の著作が詳細に分析されており、[27]同氏が国連研究50年を回顧した論考の中では、国際機構の現状を客観的に把握するには、法的分析だけでなく、国際政治学的アプローチや分析が有用として参考文献が提示されている。[28]冷戦終結後のPKOは多様な展開をみせ、特に2000年の『ブラヒミ・レポート』以降、憲章第7章の下で設置される強化されたPKOとの結びつきが顕著になった。この点は日本の自衛隊派遣の観点から政

策実務上も関心を集めるが、国際法学の観点からは酒井啓亘によって PKO の活動原則への影響が精緻に分析された。一方で1990年代の PKO は、UNMIK や UNTAET に見られるような国連による暫定統治が行われたが、これに対して国際法学の分野では、国連による領域管理の問題を国際組織法の観点から検討した研究や、破綻国家再建と国際法との関係性に焦点を当てた研究がある。

　国際平和協力として日本の PKO 派遣が開始されたのは1992年だが、外交政策の実務者の手による国際平和協力法に焦点を当てた書籍として『国際平和協力入門』があり、同一の書名で研究者の手によって日本の国際平和協力の課題を指摘した概説書も近年公刊された。日本の国際平和協力に対し、国際平和活動の潮流や国際法学の視座から分析した研究としては、PKO の活動原則を研究してきた酒井による研究や、2015年の平和安全法制における法整備を踏まえて国際平和協力法制を分析した論考がある。

　また、冷戦後の国連の多様な活動を踏まえて、国際組織法あるいは国際機構法の観点から国際組織の法構造と活動内容を緻密に分析した体系書として、藤田久一と佐藤哲夫の研究がある。さらに前者には国際平和活動の実施における *jus in bello* に関わる研究書、後者には *jus ad bellum* に関わる集団安全保障体制の研究書があり、国際平和活動を多様な観点から分析する際の手がかりとなる。

　海外の研究では、ホワイト（Nigel D. White）による国連の平和維持機能の研究や、同氏による国際組織法の観点から集団安全保障体制に関わる研究がある。国際法と武力行使の観点からは、平和維持や平和強制と国際法に関わる研究として、グレイ（Christine Gray）の研究書が2000年から最新事例を採り入れながら版を重ねている。国連の暫定統治や国家建設を国際法の観点から分析した研究としては、チェスターマン（Simon Chesterman）やスタン（Carsten Stahn）の研究がある。

　本項で取り上げた書籍や論考は、国際平和活動を国際法学の視座から分析する上で有用な先行研究の一部を紹介したに過ぎない。書籍のほかに学術雑誌に掲載された論文も先行研究としては重要である。どのような切り口から分析するとしても、国際平和活動の研究では前述した香西による指摘が示すように、

国際法の解釈・適用の問題だけでなく、国際政治学の分析視角も重要であり、学際研究が有効な分野である。

3．日本の対南スーダン支援と「法制度的枠組み」

　国際平和活動を法学的に分析する素材として、本節では日本の対南スーダン支援の事例を扱う。特に「法制度的枠組み」に着目し、国際レベルと国内レベルの枠組みを取り上げて、それらが国際平和活動に与えた影響を考察する。本節における「法制度的枠組み」とは、国際条約や慣習国際法といった、法的拘束力を有する国際法規範にとどまらず、国際機構の諸決議や政策文書を含めた規範的文書によって形成される制度を念頭に置いている。そのような国際レベルにおける「法制度的枠組み」に対し、日本の対南スーダン支援の文脈を踏まえて検討することを通じて、アクター間協力に与えた影響や課題を考察する。まずは南スーダン関連の「法制度的枠組み」を概観した後、日本の対南スーダン支援の文脈から捉え、最後に「法制度的枠組み」が、南スーダンにおけるアクター間協力に与えた影響を指摘する。なお、南スーダンの紛争事例は本書第2章で詳述されているため、国際文書の出典は本章では割愛する。

3.1.　スーダンから南スーダンに至る「法制度的枠組み」

　まずは国際レベルとして、スーダンから南スーダンに至る「法制度的枠組み」を取り上げる。南スーダン建国の基盤となったのは、2005年の「包括的和平合意」である。この合意文書は2002年のマチャコス議定書から2004年末の2つの附属文書に至るまで、8つの文書で構成されている。このうち、2002年にスーダン政府とSPLM/Aとの間で締結されたマチャコス議定書が、将来的な地位を決定する住民投票に言及し、南スーダン人民の自決権を確認した上で、「移行プロセス」として6年の暫定期間を定めていた。その間に和平合意の履行監視のためのメカニズムを創設し、暫定期間経過後に国際的な監視による住民投票の実施を規定した。マチャコス議定書は2005年に包括的和平合意に組み込まれて、その年を起点に6年間の暫定期間が設定され、独立の賛否を問う住民投票へと至る。

　また、包括的和平合意の附属書Ⅰとなる2004年末に合意された恒久的停戦実施様式は、停戦合意の監視と検証、包括的和平合意の履行支援を任務として、国連憲章第6章の下で活動する UN Peace Support Mission の派遣を国連に要請することが合意されていた。これに先だって、国連先遣隊の派遣提案を事務総長が行い、特別政治ミッションとして国連スーダン先遣ミッション（UNAMIS）の設置・展開を歓迎する安保理決議1547が採択された。包括的和平合意の締結後は、2005年3月に安保理決議1590によって、国連スーダンミッション（UNMIS）の設置・派遣が決定された。UNMIS は、スーダン政府の主権を尊重しながらも、憲章第7章に基づく行動として、要員の安全確保や文民保護の任務が付与されていた。

　その後は産油地帯であるアビエ地域の争乱に伴い、安保理決議1990に基づき国連アビエ暫定治安部隊（UNISFA）が展開する一方、南スーダンの独立に際しては、安保理決議1996によって憲章第7章型の PKO として、国連南スーダン共和国ミッション（UNMISS）の設置が決定され、本文第3項で UNMISS の任務として、(a) 平和を強固なものにし、それによって長期的な国家建設と経済発展を促進すること、(b) 紛争の予防・軽減・解決および文民の保護に対する責任を遂行する南スーダン政府を支援すること、(c) 治安の確保、法の支配の確立、治安・司法部門の強化に対する能力構築において、国連カントリー・チームや他の国際的パートナーと協力し、国家のオーナーシップの原則に従いながら、南スーダン政府を支援することが規定された。

　ところが2013年12月に大統領派と副大統領派の政府軍内で戦闘が勃発し、現地の治安状況が悪化すると、安保理決議2155によって UNMISS に対し、文民保護を筆頭任務にし、軍事要員と警察要員の増員を決定した。これによって UNMISS は、当初の任務にあった南スーダンの国家建設や経済発展の促進といった国づくりへの支援から、文民保護を優先任務とした現地の治安の維持が中心的な役割になった。

　その後、政府間開発機構（IGAD）の調停により、ジュバ市内を中心とした非軍事化と国民統一暫定政府の創設に合意する文書が締結されたが、再び2016年7月に大統領派と副大統領派の武力衝突が生じ、安保理決議2166によって地域保護軍の設置が決定され、robust action を含むあらゆる必要な手段の行使

が許可された。

3.2.　日本の対南スーダン支援に関連した「法制度的枠組み」

　本項では、日本の対南スーダン支援の文脈からの考察として、前項の内容に関連させながら「法制度的枠組み」を抽出する。まず日本の南スーダンおよび分離独立前のスーダンに関連した活動としては、2005年の包括的和平合意以降に着目すると、対アフリカ外交の枠組みにおけるアフリカ開発会議（TICAD）のプロセスによる支援が挙げられる。とりわけ2006年2月にエチオピアのアディスアベバで開かれた「TICAD平和の定着会議」では、包括的和平合意の締結直後でありながらもダルフール地方の情勢が不安定であった中で、「平和の定着支援」というイニシアティブを打ち出した。[43] 同イニシアティブに基づき、スーダンに対するICRCを通じた医療支援と緊急開発調査に伴う経済的援助が表明された。この援助は2005年の包括的和平合意の締結が背景にあり、それ以前には、1992年以降スーダン国内の人権状況に鑑みて、日本の援助の内容は人道・緊急援助に限定されていた。また、2005年10月には外務省職員のUNMISへの派遣のほか、UNMIS参加国への物資協力、ダルフールで活動するAU部隊要員への国際人道法に関するトレーニングのための経済的援助などを実施している。[44] その後2008年10月からは、国際平和協力法に基づき自衛官2名をUNMIS司令部要員として派遣し、UNMISからUNMISSに移行する時期の2011年9月末まで活動期間を延長した。[45]

　2011年1月の南スーダンの独立の是非を問う住民投票に際しては、国際平和協力法に基づく選挙監視団を派遣している。[46] そして2011年7月9日にUNMISの後継として南スーダンに展開したUNMISSに対しては、国際平和協力法に基づき同年11月に司令部要員として自衛官を派遣し、2012年1月からは自衛隊施設部隊および現地支援調整所の要員派遣が行われた。施設部隊はジュバにおいて、宿営地の整備、国連施設内の敷地整備、国連施設外の道路補修、国際機関施設の敷地造成、避難民への医療・給水、避難民用衛生設備の設置、避難民保護区域の敷地造成等の業務を実施し、現地支援調整所要員は、ジュバのほか、ウガンダのカンパラおよびエンテベにおいて、施設部隊の業務の案件形成や施設部隊の展開に必要な輸送業務に係る調整等を実施した。[47]

　2013年12月の首都ジュバでの大統領派と副大統領派との間の戦闘勃発に伴い、2014年5月に文民保護を優先化する任務変更が行われた UNMISS への自衛隊派遣は、引き続き国際平和協力法における参加5原則は維持されているという整理の下で、要員派遣が続けられた。このとき2013年12月23日の国家安全保障会議（NSC）では、武器輸出3原則の例外として、国連を通じて UNMISS の韓国軍に対し、現地の自衛隊部隊によって国際平和協力法の物資協力に係る規定を根拠に銃弾の提供が決定された。[48]

　その後2015年9月19日には、平和安全法制が整備され、国際平和協力法制に関連した内容では、国際平和協力法の改正が行われたほか、新たに国際平和支援法が制定され、翌2016年3月29日に施行された。[49]この法整備を受けて2016年11月15日には、改正・国際平和協力法で新たに加わった「駆け付け警護」や「宿営地の共同防護」を含む新任務に関する実施計画が閣議決定された。この間の2016年7月にジュバで生じた武力衝突および8月の地域保護軍の派遣決定に際しては、現地情勢の評価として、「武力紛争の当事者（紛争当事者）となり得る『国家に準ずる組織』は存在しておらず、当該事態は『戦闘行為』が発生したと評価し得るものではない。また、我が国における、法的な意味における『武力紛争』が発生したとは考えていない。」として派遣継続の決定を行っている。[50]そして2017年3月には、国連の地域保護軍の展開が開始されつつあり、南スーダンの安定に向けた取り組みが進みつつある点、キール大統領より民族融和を進めるための国民対話の開始が発表された点などを踏まえて、同年5月末をもって第11次にわたる施設部隊の活動を終了することが決定された。[51]なお、UNMISS 司令部への自衛官派遣は、連絡調整要員とともに国際平和協力法に基づき2019年現在も継続されている。

3.3.　「法制度的枠組み」に着目する意義

　本節で取り上げた「法制度的枠組み」の存在は、少なくともアクター間協力を促進しうる要素として位置づけることができるだろう。すなわち、包括的和平合意をはじめとした各種の合意文書、そしてそのような和平合意の履行を目的として、国連安保理決議の採択によって設置される PKO を中心としたアクターは、停戦合意や和平合意を前提とした活動であり、その意味では国際レベ

ルの「法制度的枠組み」によって形成される「制度」は、アクター間協力の端
緒となり得る要素を有している。

　他方で、日本の対南スーダン支援の文脈でみた国内レベルの「法制度的枠組
み」は、どのように評価できるだろうか。現在の国際平和協力法制は2015年の
平和安全法制の整備によって改正・国際平和協力法と国際平和支援法に大別さ
れるが、UNMISS 支援に関わる内容は前者の国際平和協力法である。国際平
和協力法に基づく PKO への自衛隊派遣は、参加5原則に照らして行われる限
り、紛争当事者間の停戦合意と PKO の活動に対する受入同意を前提としてい
る。したがって停戦合意や和平合意、それに基づく PKO の受入同意を「法制
度的枠組み」で確保しておくことが、アクター間協力実現の鍵であるといえ
る。先述した南スーダン情勢の変容において、2013年12月や2016年7月の大統
領派と反大統領派との間の武力衝突に直面しても、紛争当事者となり得る「国
家に準ずる組織」は存在しておらず、当該事態は「戦闘行為」が発生したと評
価し得るものではないとして、法的な意味における「武力紛争」該当性を否定
することにより、活動の継続自体は法的には支障はない。しかし、参加5原則
の適合性、とりわけ停戦合意の持続性を問う国会質問に対して[52]、正面から丁寧
な答弁が避けられている状態では、活動実施の正当性を毀損しかねない。

　本節で取り上げたような「法制度的枠組み」は、アクター間協力を促し、円
滑な支援の実施には不可欠な「制度」を生み出す素地となるが、法制度に縛ら
れて必要な協力が阻害されることのないように運用上の工夫が必要である。こ
の点で平和安全法制以降は、同法制で改正された国家安全保障会議設置法によ
り、国際平和協力業務における安全確保業務や駆け付け警護の実施に係る実施
計画の決定および変更、そして PKO の司令官ポストへの自衛官派遣が審議事
項とされた（第2条2項1号）。これ以降の UNMISS への司令部要員派遣に係る
実施計画では、参加5原則が満たされている場合であっても、安全を確保しつ
つ有意義な活動を実施することが困難と認められる場合には、同会議における
審議の上、撤収することが可能とされた[53]。現在のところ撤収が必要な事態には
至っていないが、これによって国際平和協力法上は参加5原則が充足されてい
るとの認識を貫いて「合憲性」を確保する一方、現場で従事する任務の現実的
な政策的妥当性の問題は、国家安全保障会議を通じた内閣の判断が重要性を増

すこととなり、その判断の是非を問う国会は、さらに重要な審議の場となっている。

おわりに ── 研究と実務における論点・課題

　本章では、国際平和活動を法学分野から、特に国際法学の視座の下で、どのように分析しうるかの検討を行った。第1節では『国際平和活動における包括的アプローチ』で行った国際平和活動の類型化を基礎とし、これを国際法学の分析枠組みの下で検討したところ、現代国際法の基本原則である不干渉原則や武力不行使原則との関係性が論点として現れた。さらに国際平和活動の実施においては、*jus ad bellum* 上の問題だけでなく *jus in bello* 上の適法性に関わる議論、とりわけ法執行活動の烈度と武力行使の法的性格は、複合的危機における国際平和活動にとって、具体的な事例に合わせてより精緻な分析が必要な領域であるといえよう。

　そこで第2節では、国際法学における学問史を紐解きながら、国際平和活動の研究の前提となる国際組織の研究が、どのように進められてきたのかを明らかにした。そこでは国際組織と国際法学の密接な関係性が看取され、国際平和活動に関わる研究史として具体的にどのような研究がなされてきたのかを取り上げた。

　第3節では、本書に共通の事例である南スーダンを取り上げ、本章では日本の対南スーダン支援の文脈から「法制度的枠組み」に着目し、本書第1章で提示された課題、すなわち、「『制度』の構築が協力の強度を高める態様を実証する」ことを試みた。その結果、南スーダンで形成された様々な国際レベルの「法制度的枠組み」は、国際平和活動におけるアクター間協力の端緒になり得ることを指摘した。国内レベルの「法制度的枠組み」においても、これに基づいて形成された「制度」によってアクター間協力を進めるためには、国連憲章および日本国憲法の両面で「合憲性」を確保することが必要である。そのために、国際レベルの「法制度的枠組み」の存在を前提とした上で、法制上の「合憲性」を確保するための運用上の工夫が重要であることを指摘した。そして運用面における政策的妥当性の判断に対し、より一層重い責任が行政府と立法府には求

められることを指摘した。

　本章の研究アプローチで未だ十分に掘り下げることができなかった課題としては、「法制度的枠組み」の精緻な分析である。本章では「法制度的枠組み」という大きな括りで表現したが、その実態は多様である。この点については国際法学におけるソフトロー論の視座が有益な分析視角であると思われ、それぞれの「法制度的枠組み」にどのような法的効果があり、「制度」の形成に資するのか否か、国際法学上のソフトロー（非拘束的合意）と法的拘束力を有するハードローの区分を採り入れた分析が有用と思われる。

　複合的危機のように状況が絶えず変化する事態に直面したとき、法制度の硬直的な運用では刻々と変化する事態に対処するのは難しい。特に危機に直面した現場でアクター間協力を含めて活動実施の可否に伴う迅速な判断が求められる状況下では、政府として速やかな意思決定を行う必要がある。そのために国際平和活動の最新動向を調査し、多角的観点から活動実施の是非を判断しうる体制の構築が実務上は要請される。国際法学の観点からは、ソフトロー論の視座を導入して「法制度的枠組み」と「制度」の形成の因果関係を理論的に精緻化させるとともに、国際平和活動に対しては *jus ad bellum* と *jus in bello* の両面から国際法規範に照らした活動の妥当性を検証することが、研究と実務の双方にとって重要である。

推奨図書

1．佐藤哲夫『国際組織法』有斐閣、2005年。

　　　国際連盟の時代から2000年代以降の国連の平和維持機能の動向を含めて、国際組織の法構造を分析し、解説した体系書。

2．村瀬信也・真山全編『武力紛争の国際法』東信堂、2004年。

　　　伝統的な武力紛争法上の問題だけでなく、国際テロリズム、内戦、平和維持活動、文民保護といった現代的テーマに関わる武力紛争法上の問題を論じた論文集。

3．山田哲也『国連が創る秩序―領域管理と国際組織法』東京大学出版会、2010年。

　　　国連による領域管理の展開を歴史的に振り返りながら、国際組織法の観点から国連によって創られる秩序の法的評価を行った研究書。

4．松浦博司『国連安全保障理事会―その限界と可能性』東信堂、2009年。

　　国連安保理の機能、法的制度、手続の観点から安保理における審議の実態を解明した外交実務者による研究書。

5．神余隆博『新国連論―国際平和のための国連と日本の役割』大阪大学出版会、1995年。

　　国連改革の議論を整理するとともに、紛争解決と平和維持における国連の役割を分析し、日本の国連外交のあり方を提言した外交実務者による研究書。

◉ディスカッションポイント

確認問題

　▶国際平和活動の研究アプローチの一つとして、国際法学の観点からどのような分析ができるだろうか、考えてみよう。

発展問題

　▶国際平和活動の事例を取り上げて、どのような特質や傾向が現れるか調べてみよう。

　▶南スーダンの「法制度的枠組み」を掘り下げて、どのような法的効果がもたらされるのか考えてみよう。

1）山本慎一「第1章 国際平和活動とは何か」山本慎一・川口智恵・田中（坂部）有佳子編著『国際平和活動における包括的アプローチ―日本型協力システムの形成過程』内外出版、2012年、26-33頁。

2）*Report of the Panel on United Nations Peace Operation*, UN Doc. A/55/305-S/2000/809, Aug 21, 2000.

3）憲章第7章の法的効果については、山本慎一「国連憲章第7章の法的性格―安保理決議の検討を通して」神余隆博・星野俊也・戸崎洋史・佐渡紀子編『安全保障論―平和で公正な国際社会の構築に向けて』信山社、2015年、105-130頁を参照。

4）United Nations Peacekeeping, "Monthly Summary of Military and Police Contribution to the United Nations Operations (2015-2019),".

5）各領域の内容については、ガリ（Boutros Boutros-Ghali）国連事務総長報告書『平和への課題』および国連平和活動に関する委員会報告書『ブラヒミ・レポート』を参照。*An Agenda for Peace: Preventive diplomacy, peacemaking and peace-keeping*, UN Doc. A/47/277-S/24111, 17 Jun. 1992; *Report of the Panel on United Nations Peace Operation*, UN Doc. A/55/305-S/2000/809, 21 Aug. 2000.

6）「複雑化する紛争と平和活動 国連の機構改革と課題を語る伊東孝一氏（国連オペレー

ション支援局上席企画官）」SPF Now, No.0065, 2019年8月5日。

7）安保理授権型多国籍軍型軍事活動と集団安全保障体制の関係については、山本慎一「多国籍軍型軍事活動の展開にみる集団安全保障体制の潮流」日本国際連合学会編『国連憲章体制への挑戦（国連研究第9号）』国際書院、2008年6月、75-95頁を参照。

8）小柏葉子「太平洋島嶼フォーラムの地域紛争への関与—ソロモン諸島における平和構築から武力介入決定まで」『広島平和科学』第26巻、2004年、25-45頁。

9）たとえば傷病兵保護条約（1949年）第9条に基づき、人道的団体として人道的活動の実施が認められている。またジュネーヴ諸条約第1追加議定書（1977年）第5条に基づき、諸条約および議定書の監視と履行確保義務が与えられている。

10）山本・川口・田中（坂部）、前掲書、26頁。

11）United Nations Department of Peacekeeping Operations and Department of Field Support, *United Nations Peacekeeping Operations: Principles and Guidelines,* Jan, 2008, pp. 34-35.

12）もっとも、武力の行使と法執行活動に伴う実力の行使の境界が曖昧になりつつある現状は陸上・海上問わず生まれており、国際平和活動における武力行使の法的性格を捉える上で、具体的事象に照らした検討が求められる。たとえば西村弓「第7章 海洋安全保障と国際法」平成23年度海洋安全保障研究会報告書「守る海、繋ぐ海、恵む海—海洋安全保障の諸課題と日本の対応」日本国際問題研究所、2012年、91-94頁を参照。

13）*Secretary-General's Bulletin: Observance by United Nations forces of international humanitarian law,* UN Doc. ST/SGB/1999/13, 6 Aug. 1999.

14）国際法学会の情報は、次の文献の記述を参考にした。「会報 横田理事長の祝辞」『国際法外交雑誌』1958年3月、111-115頁。

15）たとえば『国際法外交雑誌』第20巻第2号から第5号、1921年2月から5月を参照。

16）『国際法外交雑誌』第55巻第2・3・4合併号、1956年9月。

17）小田滋「国際法学会」国際法学会編『国際関係法辞典 第2版』三省堂、2005年、315頁。

18）International Law Association, *Constitution of the Association,* 3.1, adopted at the 77th Conference, 2016.

19）「雑報」『国際法外交雑誌』第20巻第1号、1920年1月、124-125頁。

20）横田喜三郎『国際連合：研究と解説』政治教育協会。1946年；同『国際連合の研究』銀座出版社、1947年。

21）田岡良一『国際連合憲章の研究』有斐閣、1949年；芳賀四郎『国際連合憲章の解説』有斐閣、1949年。

22）横田洋三「国際組織と法」『国際政治』第76号、1984年5月、138-139頁。

23）後者の尺度に関していえば、1965年に発足した世界法研究会を経て、1975年に世界法学会が設立され、世界法および世界連邦に関する諸問題の研究が進められており、国際法学者の多くが参画している。

24）高野雄一『国際組織法 新版』有斐閣、1975年。

25）緒方貞子「国際組織研究と国際体制論」『国際政治』第76号、1984年5月、1-2頁。

26）日本における国連研究の展開については、日本国際連合学会編『国連研究の課題と展望（国連研究第10号）』国際書院、2009年所収の論考を参照。

27）香西茂『国連の平和維持活動』有斐閣、1991年。

28) 香西茂「国連研究50年の回顧」『国連研究第10号』17頁。

29) 酒井啓亘「国連平和維持活動における同意原則の機能―ポスト冷戦期の事例を中心に」安藤仁介・中村道・位田隆一編『21世紀の国際機構：課題と展望』東信堂、2004年、237-278頁；同「国連平和維持活動と公平原則―ポスト冷戦期の事例を中心に」『神戸法学雑誌』第54巻第4号、2005年3月、277-327頁；同「国連平和維持活動と自衛原則―ポスト冷戦期の事例を中心に」浅田正彦編『二一世紀国際法の課題』有信堂高文社、2006年、343-373頁。

30) 山田哲也『国連が創る秩序―領域管理と国際組織法』東京大学出版会、2010年。

31) 山本慎一「綻国家再建における国際社会の関与の法的課題」上杉勇司・青井千由紀編『国家建設における民軍関係―破綻国家再建の理論と実践をつなぐ』国際書院、2008年、115-128頁。

32) 神余隆博編著『国際平和協力入門』有斐閣、1995年。

33) 上杉勇司・藤重博美編著『国際平和協力入門―国際社会への貢献と日本の課題』ミネルヴァ書房、2018年。

34) 酒井啓亘「国連平和維持活動（PKO）の新たな展開と日本―ポスト冷戦期の議論を中心に」『国際法外交雑誌』第105巻第2号、2006年8月、145-175頁；同「国連平和活動と日本の国際平和協力の今後―『9条―PKO活動原則体制』の下での課題」『国際問題』No. 654、2016年9月、17-28頁。

35) 山本慎一「国際平和活動の潮流と日本の国際平和協力法制―平和安全法制の整備に至る議論を踏まえて」『防衛法研究』第41号、2017年9月、21-44頁；同「平和安全法制と国際平和協力―国際的潮流と国内法制度の比較分析」『国際安全保障』第47巻第2号、2019年9月、94-113頁。

36) 藤田久一『国連法』東京大学出版会、1998年；佐藤哲夫『国際組織法』有斐閣、2005年。

37) 藤田久一『国際人道法 新版（再増補）』2003年、有信堂高文社。

38) 佐藤哲夫『国連安全保障理事会と憲章第7章―集団安全保障制度の創造的展開とその課題』有斐閣、2015年。

39) Nigel D. White, *Keeping the peace: the United Nations and the Maintenance of International Peace and Security* (Manchester: Manchester University Press, 2 nd ed., 1997).

40) Nigel D. White, *The Law of International Organisations* (Manchester: Manchester University Press, 3 rd ed., 2017).

41) Christine Gray, *International Law and the Use of Force* (Oxford: Oxford University Press, 4 th ed., 2018).

42) Simon Chesterman, *You, The People: The United Nations, Transitional Administration, and State-Building* (Oxford: Oxford University Press, 2004); Carsten Stahn, *The Law and Practice of International Territorial Administration Versailles to Iraq and Beyond* (Cambridge: Cambridge University Press, 2008).

43) 外務省「我が国の対アフリカ平和の定着支援：新たなイニシアティブの下での当面の支援」2016年2月。

44) 外務省『平成18年版 外交青書』153頁。

45) 外務省「スーダン国際平和協力隊の派遣延長」2011年6月24日。

46）その前年（2010年）のスーダン総選挙では、外務省設置法に基づく選挙監視が行われている。安藤由香里「南部スーダン共和国独立への 2 つの選挙—スーダン総選挙と南部スーダン住民投票を監視して」〈http://www.pko.go.jp/pko_j/organization/researcher/pdf/02-ando.pdf〉last accessed 18 November 2019.

47）内閣府国際平和協力本部「南スーダン国際平和協力業務の実施の状況」2017年 1 月31日、4 頁。

48）日本経済新聞「韓国軍に銃弾提供　武器輸出三原則の例外扱いで　南スーダン PKO」2013年12月24日。

49）国際平和協力法制の概要については、山本慎一、前掲論文（前掲注35）を参照。

50）首相官邸「派遣継続に関する基本的な考え方」2016年10月25日。

51）内閣官房国家安全保障局「UNMISS における自衛隊施設部隊の活動終了に関する基本的な考え方」2017年 3 月10日。

52）逢坂誠二「南スーダンの現地情勢と自衛隊の駆けつけ警護の任務遂行に関する質問主意書」2016年11月22日提出、質問第160号。逢坂誠二「南スーダンにおける PKO 参加五原則の適合性に関する質問主意書」2016年11月28日提出、質問第170号。

53）内閣府国際平和協力本部事務局「南スーダン国際平和協力業務実施計画（平成23年11月15日閣議決定）」2019年 5 月17日変更、5 頁。

【山本慎一】

第4章　制度からみた国際平和活動—政治学の観点から—

はじめに

　国際平和活動は、単一の国際組織や国によって供給されるのではない。国際平和活動は、紛争を止めること、そして紛争が当事者間で再び起きない状況を、外部者が関与して作り出そうとする営みである。国際平和活動を通じて、国家の平和と安定、そして人々の安全をもたらすことが追求される[1]。ただし、その活動においては、意識的に協力しあって作り出そうとする試みが繰り返されてきた。つまり、実際には多数のアクター（行為主体）たちが生み出す政治的な産物なのである。

　近年、国際平和活動を供給するアクター間「協力」を促すべく、「制度」をつくる傾向が目覚ましい。制度の定義は多義的にあるが、本章では、人為的につくられた公式、非公式のルールとする[2]。ここには、法律、条文など明文化された公式なものから、慣習、規範といった非公式なものまで含まれる。本章が着目するのは、国際平和活動の形成と実施過程にわたって生じるアクター間の協力・取引を円滑にするために人為的につくられた制度である。政治学からみる本章の目的は、国際平和活動を供給するためのアクター間協力とは何か、そしてそれを促す要因のひとつとしての「制度」が協力を生み出せているかを検討することにある。

　次節では平和は公共財の典型といわれるが、それを生み出そうとする国際平和活動を供給するアクターたちの様々な見方があることを確認する。第2節では、「国際平和活動」に関わるアクターはだれか、どのようなアクター間協力があるかを概観したのち、特に国際平和活動を供給する一国家を分析対象にして議論を進めることを示す。なぜ脆弱国家の複合的危機に対して協力が必要なのか、という支援を供給する側の理由と、自律性の高いアクターらをいかに協力へと導けるかを検討し、協力を促進する制度の役割を挙げる。第3節は、何

が支援国内の部局間協力を促進するかにつき、アクター要因と対比させて制度
要因に着目する。政策の統一性を重視する各支援国が、立案、実施、モニタリ
ング、評価といった政策上の各局面で部局間協力の実現を目指していることを
示す。第4節は事例分析に移り、英国からみた対南スーダン支援の国際的な制
度・枠組みを概観する。第5節は、英国がもつ部局間協力を促進しようとする
制度がどのように対南スーダン支援において適用され、結果協力をもたらした
かを分析する。

1. 国際平和活動を政治学から分析する意義

　政治学から国際平和活動を分析するとき、誰の立場からこの活動を論じるか
はひとつのカギとなろう。なぜなら、「平和」を達成することは国際平和活動
に関わる誰にとっても共通の目的である一方、その活動を「供給」する者とそ
の活動を「受ける」者がおり、その活動に対する見方が異なりうるからだ。そ
して、この国際平和活動を供給する者は多数いる。つまり、同活動に対する見
方はそれだけ多種多様でありうる。

　国際平和活動が生み出そうとする「平和」は、平穏な暮らしをし、安全な状
況のなかで経済的な利益を創出できるなど、人々の望ましい状態のことを指
す。これは1国のみならず、地域、あるいは地球規模に恩恵が波及する（正の
外部性が生じる）公共財の代表的な例である[3]。公共財とは、非排除性と非競合
性の2つの特徴をもつ財である。非排除性は誰もがその財を使うことができる
状態を指し、非競合性とは、誰かが財を使用してもその財の価値が変わらない
状態のことである。誰もが平和の状況を享受できるのなら、平和を作り出すた
めに生じる費用（コスト）を、各自はわざわざ自分だけで背負いたくない。す
るとだれもがコストを負担しないフリーライダー（ただ乗りをする者）となって
しまう。

　こうしたただ乗りの増殖を防ぐための一つの方策は、上からの「権威」を置
くことである。暴力の乱発を防ぎたいとする。主権が存在する一つの国のなか
であれば、近代国家として暴力を独占する主体が、人々の安全を確保すること
ができる。しかしながら、多数のアクターから構成される国際平和活動の場

合、これを完全に統括する「権威」は存在しない。

　本章で考える政治学の観点とは、権威がないところでの協力のありかたを模索することである。政治学者イーストン（David Easton）は、政治とは社会の価値の権威的配分である、と定義する。これに倣えば、主権、関わるアクター間の力関係、法、関係者間で認知されているルール、決まり事といった、何等かの「権威」のもとで、どれだけ人々は得たい便益を得られるかを追求する。これらの仕組みを明らかにすることが政治学の関心事である。

　国際平和活動が、国際機関、地域機構、２国間・多国間の取極め、非政府組織による諸活動であるという本書の定義（第１章2.1.および第３章１.参照）に鑑みれば、これらアクターの行動を画一的に指示するような「権威」は存在しない。権威が存在しないなか問題となるのは、国際平和活動の需要に対して「供給」する側の見方や考え方が多種多様なのであれば、その者たちはどのようにして国際平和活動を組み立てるのだろうか、ということだ。誰が、どのようにどれだけ提供することを決めていくのだろうか。

　各支援国は、自己利益を追求する、つまり支援する側にとっての便益にかなうから国際平和活動を供給しようとするインセンティブももつ。例えば、被支援国の平穏な状況の確保、被支援国との経済関係の維持強化、被支援国への威信強化などの目的で、支援国は自国のもつ様々な手段を用いて関与することが考えられる。また複合的危機は、その危機の発生場所のみならず、支援国、周辺諸国に影響を及ぼしうる。これは複合的危機がもつ自国への負の外部性を縮小するために、国際平和活動に参加する誘因（インセンティブ）となる[4]。逆にこうした誘因がない場合には、不参加を選択するのである。

　平和は公共財の特徴をもつと論じたが、それを生み出そうとする国際平和活動は準公共財の特徴をもち、自己利益の追求を促す。例えば国連平和維持活動の財的資源の確保には各国の経済状態に応じた拠出金が求められるが、軍事要員、警察要員などの人的資源は自発的拠出に依存する。そこでは誰がどれだけ負担するのかが問われるわけだが、各軍人、警察官に対する国連からの償還金は、特に途上国にとって魅力的であり自発的拠出の誘因となっている[5]。このように、各支援国が拠出先や量を取捨選択していくと、国際平和活動の供給が不足する事態に陥ってしまう。

結果、国際平和活動の不全をあげる指摘は少なくない。本書の事例分析の対象である国連平和活動は、すぐに必要とされるニーズに迅速に対処できない、活動に必要な財政や人的財源が十分に確保されない、期待される活動内容が政策としての理想にとどまり、実現に至らないといわれる[6]。

各国、国際機関、地域機構、非政府組織らは、「平和」がどのように達成されるべきかについて異なる見方をもつ、あるいは個別の目的をもって国際平和活動を供給しようとする側面をもちつつ、「平和」の実現という共通の利益をいかに達成できるかを模索する狭間にあるのが実態である[7]。

2．国際平和活動に関わるアクター間協力と全政府アプローチの特徴

2.1．国際平和活動に関わるアクターとアクター間協力とは何か？

国際平和活動に関わるアクターは何かを把握しよう（図4-1参照）。そのためにまずはアクターが活動する環境を設定する。紛争がある、あるいは平和が続かない状態のため、各アクターが平和活動を実施する「現場」（フィールド）がある。本書では、この「現場」に対して、外部から「平和」の構築に関わろうとするアクターが分析の中心であることは第1章で述べた。そこで「現場」に対して、外部アクターが平和活動を立案する場所を「本部」と呼ぶ。

国際平和活動が実施される「現場」には、活動を通じて支援を受ける政府や市民がいる。主権国家が国民から権力の正統性を有す場合、その国家を構成する共同体、社会が存在すると想定できる。他方、公共サービスを提供するなどの国家の能力が脆弱な国家（以下、脆弱国家）では、市民が容認する政府は不在で、複数の政治勢力が権力を争うときに暴力が伴うことがままある。

次に外部アクターが国際平和活動を立案する「本部」の場には、国家、国際機関、地域機構、非政府組織（Non-governmental organization：NGO）、民間企業が存在する。このなかで本章は国家に着目する。図4-1は、国家からみた国際平和活動の「本部」と「現場」を概観している。国家のなかには、立法府、執政府、政策分野別に組織が分かれる省庁（部局）が存在する。

以上挙げたアクターの間の関係については、支援を提供する側と支援を受ける側（被支援）側の関係、被支援側内の関係、それから支援側内における関係

に大別できる。第1に、被支援側・ローカルと支援を供給する側との関係（local-international）である。この関係は、国際協力全般で長らく議論の的となっている。途上国における開発に資源を投入してきた支援側はそれまでの一方的な支援供給を自省し、現地政府・社会のオーナーシップを尊重し、互いが対等な立場であることを前提としてパートナーシップの構築を重視するようになった。[8] ただし、前述のように被支援側を現地政府に限定することは必ずしも得策ではない。政府が人々に期待されるサービスを提供できないなか、支援側は社会、一般住民、反政府勢力と直接的に関わることがあり、「ローカル」が誰かは支援側にとって所与ではない。[9] したがって、第2の被支援側内の関係を知ることが、複合的危機の分析では益々重要になっている。

　第3に、支援側内の関係がある。本章が着目するのは、支援国内・組織内の部局間の関係である。ある支援国・組織下に所属する部局のうち、脆弱国家における複合的危機に関与するのは、外交・開発・防衛を所掌する部局、いわゆる3D（Diplomacy, Development, Defense）である。扱う課題によって、人道、経済、貿易、警察、財政、司法、移民などの政策分野（領域）を担当する部局が加わることもある。3D部局を軸としてみると、各部局内における下位にある組織内関係（intra-agency）のほか、支援側の各アクターを網羅する支援国・組織間の関係（inter-agency）が生じる。

　さらに複合的危機が発生する現場と、支援の供給の方針を決定する本部との間は距離的空間がままあり、この空間内で「垂直的な相互作用」が生じる。本部・現場の両レベルに部局が人員を配置して体制を組むとすれば、一部局内でも本部・現地レベル間の「垂直的な相互作用」とともに、各レベルでの部局間の「水平的な相互作用」が生じる。垂直的な相互作用とは、上位にある人・組織が下位の人・組織に対して指示を発出するような権威をもつときのアクター間の関係性を示す。水平的な相互作用とは、アクター間にそのような権威が存在しないときの関係性を示す。

　政策概念としても用いられる「包括的アプローチ（comprehensive approach）」や「統合アプローチ（integrated approach）」は、アクター間の協力を促そうとする概念であることは共通するが、これを提唱する組織の解釈と適用によって定義が異なり、どのレベルで誰と誰の間の協力を促そうとしているかの一致し

図4-1　支援国からみる複合的危機対応に関わるアクター間関係

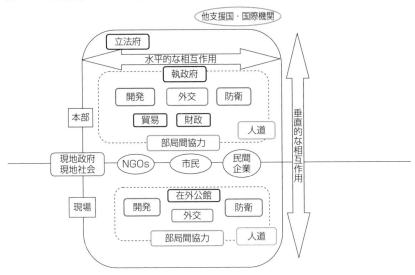

出所：筆者作成

た見解はない。したがって、どの状況下におけるどのアクター間協力を促進するかの狙いは、個別に確認する必要がある。国連は、国連事務総長のイニシアティブにより国連システム内のいくつかの「統合」を提唱する。例えば統合ミッション（integrated mission）は、多機能性をもつ平和維持活動（PKO）の計画から撤退までをいかに実施するかの枠組みを提示し、国連専門機関と一体となって被支援国への戦略を策定して運用することを目指す（第5章および石川氏コラム参照）[10]。2006年に事務総長の下に設立されたハイレベルパネルで提案されたのは Delivering as One である。開発、復興、環境分野に取り組む各国連機関が単独で被支援国とプログラムを作成するのではなく、提供するプログラムを単一の予算枠組みでまとめ、被支援国がもつ開発目的と合致させることを目指す[11]。

　欧州連合（EU）は、「包括的アプローチ」の適用を提唱し、主に域外の危機に対して EU の異なる部局間の連携を強化し、戦略上、運営上の統一性を図ろうとしていた[12]。しかし2016年、「統合アプローチ」を挙げて、EU 組織内だけでなく、加盟国に対しても域内外の危機に対処するための統合をめざすことを

提唱した。[13] このように各支援国、支援組織で追求されているアクター間協力は、重層的に組まれている。国家は、支援国・組織間協力の各枠組みがあるなかで、一支援国として関連部局間の協力を促進させているのである。

　本章が特化して分析するのは、「全政府アプローチ（whole-of-government approach）」と呼ばれる、支援国政府内における部局間協力の促進であり、学術上、政策上の一般的見解がある。[14] ここでは、行政を担う3D部局を中心とした水平的な相互作用と同時に、各部局と執政府代表との垂直的な相互作用の関係が分析対象となる。一支援国には、執政府代表層（閣僚など）など上位にある組織が下位の組織に対して指示する（政治家と官僚の関係）という選択がある。しかし国際平和活動のより具体的な政策立案から実施を担う官僚制は、政策分野別に部局が分かれている。したがって垂直的な相互作用と部局間の水平的相互作用がどのように組み合わさり、活性化されるのかが分析の中心となる。図4−1は、一支援国内の部局間協力に参画するアクターの視点から、関連するアクターとの関係を概観している。国際機関、立法府、NGO、市民、民間企業は、主に支援国組織間協力の対象となる。現地政府、現地社会は被支援側・ローカルとしての対象である。

2.2.　なぜ全政府アプローチを採用するのか？

　各支援国は、なぜ全政府アプローチを適用し、協力を促進させようとするのか。主な理由のひとつは、複合的危機が自国（一組織）の一部署・省庁がもてる能力や資源だけでは対処できない「やっかいな問題（wicked issues）」であるためと考えられる。[15] 治安情勢と政治的な不安定、自然災害、難民や国内避難民の発生、感染症の蔓延、貧困の増大といった脆弱国家における複合的危機の状況に一歩ずつ対処するには、特定分野（領域）のみでの対応だけではなしえない。治安を回復・維持し、対話による紛争解決を促すとともに、基本的なニーズ、心身の健康を充足させるには、人道、治安、政治、経済、社会といった各分野での対処として専門的能力や知識を必要とする。特に国際平和活動を必要とする危機の場合、安定なしには人々に必要な物資を届ける、生活を支援する等の諸活動が行えず、またその逆の作用もあると考えられる。その例として欧米各国は、戦闘行為が激しいなか治安・安全確保と人々への支援を両立するた

め、軍人と文民がともに活動する地方復興開発チーム（Provincial Reconstruction Team：PRT）を立ち上げた。人心掌握という軍側の意図を含み、治安回復、復興への効果に地域差が生まれたため PRT のあり方や効果に異論も少なくないが、３D 分野の協力なしには成り立たない活動である。[16]

　また、支援の効率性も一国家の関心事である。支援する側のもつ財政、人材、物資、情報といった資源は有限である。昨今、国家財政の国際支援への配分が圧迫する中、それらを提供する納税者に国際平和活動に資源を投入することを納得してもらうためには、限りある資源からどれだけ効果を生み出していくかが問われている。各部局がもつ資源を共有する、支援内容が重複しないように調整する、あるいは真に必要な支援が必要なときに供給されているか、過不足がないかを見極め対応すれば、同じ資源の量でより大きな効果を生み出すことが期待できる。[17]そこで、支援を供給する側の持てる能力を結集させ効果的・効率的な活動を生み出そうとする志向が「包括的アプローチ」である。そして、一国家における同様の志向を「全政府アプローチ」と呼ぶのである。[18]

　一方、一支援国内の各部局の視点からみると、縦割り行政という弊害が指摘されるように、各部局は独自の目的、組織文化、ルールなどをもつため、それぞれの自律性（autonomy）を抑制しようとする試みに反発するケースは少なくない。[19]このような分野横断的課題に取り組む組織は、上位からの強制的で明確な指示がない限り、横並びの状態で協力を模索することになる。したがって一国内の部局の間においても、協力をいかに組み立てるかは一様ではない。

　ここから、合理的選択アプローチの議論を用いて、アクターが自己利益を最大化しようとする場合に制度がもつ機能は何かを考えよう。一方のアクターの追求・実現がもう一方のアクターの追求・実現にも有効である（あるいは一致する）利益（共通利益）[20]があることを見出し、各アクターが協力という行動の選択肢を選ぶよう仕向けることである。このように自己利益を追求するアクターから「協働」を実現させるには、共通利益を認識していないあるいは低く見積もっているので、まずその利益の存在を各アクターが認識するための工夫が求められる。[21]アクターが共通利益の存在を認識している場合は、それを追求するよう行動を一致させる「調整」の工夫が必要である。そのような協力の選択肢へとアクターを導くための工夫の結実が「制度」である。

　上からの権威を置く以外に、どのような制度が協力を導けるのか。協力を促進させる方策は幾つか議論されており、制度の特徴のヒントを得ることができる[22]。ひとつは、将来にわたり協力が必要な状況が何度もあるとアクターが認識を変えることである。各アクターが非協力より協力するほうが最も自分の益になると考えた場合、アクターが「協力」を選択する。長期的に得られる利益があることを踏まえ、相互作用、つまり関わりあいを増やし長続きさせることで、将来への期待を維持するのである[23]。この関係の持続性としての「将来の影」が認識されると協力が選ばれるという。「協働」の実現には、アクターが互いの行動を認識するための監視機能や、協力を維持管理するための常設の制度が考えられる。「調整」の場合は、各アクターはすでに共通利益の存在は見出せているが、その共通利益をえるべく行動を一致させることは重要である。制度の機能としては、フォーカルポイントを置く、信頼を醸成する、行動基準を設定する等が挙げられる。

　アクターの数を限定することは、協力を実現させるに有効である[24]。その理由のひとつは、２者の間では裏切られるコストは一方が負うので負担が大きいが、多数になるほど裏切りによるコストは他のアクターにも分散されるので、フリーライダーを生み出しやすいからである。また、裏切りを減らすため制裁を課すことは対応策のひとつであるが、制裁を与えるコストから逃れようとするフリーライダーが生じる問題は残る。どのような行動が問題となるかを規定し、制裁役に責任あるアクターを設定するなどの工夫が必要となる。

　さらに、制度は各アクターがもつ取引費用を削減することが期待される[25]。アクターが多いほど互いを認識し、共通利益は何かを特定することが困難となり、交渉し、協力関係を維持するコスト（調整コスト）や信頼できる情報を得るためのコスト（情報コスト）は上がる。これら取引費用を、制度の創設によって減らすことができる。ここでの制度は、アクターを制度内に取り込むことでメンバーが互いを認識し、協議を進める場を設け、情報を共有する、そして共通利益を見出しやすくする効果がある。

　上記の議論は主に強制によらない水平的な相互作用の活性化としての制度を検討している。一支援国内の全政府アプローチにおいても、自発的に関係部局が情報共有や調整を始めるなど水平的な相互作用が生じる例が中央省庁や地方

自治体レベルで観察されている。また評価管理、監査（第3者機関によるものを含む）は、ある部局が別の部局の行動を規定づける水平的な相互作用の仕組みであり、協力を促進する制度として捉えられる。一方より垂直的な相互作用を意識して、政治家（プリンシパル、本人）が部局（エージェント、代理人）に対して業務を委任することによっても、意図する水平的な部局間協力が期待できる。複数の部局を束ねる制度には、特定の課題に対処するための閣僚委員会の設置や主導省庁の指定などがある。水平的・垂直的な相互作用の活性化がいかになされるのかは、さらなる理論・実証両方の面から検討する余地がある。

　以上、制度が協力を促しうるメカニズムを確認し、アクターがいかに共通利益を見出すかが協力の契機であるとした。ただし制度を生成するコストが大きいほど、その生成過程でアクター間の摩擦が生じる。そのなかでもアクターがある特定の協力の実現に向けて制度を構築するのは、なんらかの共通利益を見出せるからであろう。制度の成り立ちを分析することによって、どのような協力を生じさせようする意図がある制度かを確認するのも有用である。

3．何が全政府アプローチを促進するのか？どのような協力ができるのか？

　ここから国際平和活動における全政府アプローチが何によって促進されるかを検討する。ここまで射程においた制度が主な分析対象であるが、それ以外に先行研究で挙げられてきた要因として、アクター要因がある。

　全政府アプローチでのアクターとは、主にリーダーシップと官僚組織をさし、政策決定・履行過程に関わる者による選好・タイプ・行動が「協力」を促すと捉える。この要因が指摘される事例として、1990年代以降の日本の国際平和協力の参加決定がある。外務省はPKOへの貢献を増やし外交効果を高めたいとの目的から、参加に当初慎重であった自衛隊・防衛庁や警察庁を積極的に巻き込もうとし、時には官邸とも対峙したという。一方イラク復興支援においては、米国の同盟国として国際社会でより大きな責任を果たすこと、中東地域の安定に寄与する、湾岸戦争以来の課題としての人的協力を目指すという小泉政権の積極的な意思が前提にあった。自衛隊派遣が始まると、外務省と防衛省・自衛隊間の現場レベル、本部レベルと、官邸をつなぐアドホックな情報共

有のネットワークが形成された[29]。その結果、政府開発援助（Official Development Assistance：ODA）プロジェクトの形成と実施に結実したのである。

　政策決定・履行過程に関わる者たちは、自国への脅威、国際社会がもつ支援枠組み、（国内）世論の動向などから影響を受ける。前節で述べた通り、脆弱国家が生み出す不安定さが他国を脅かすことは安全保障上の懸念であり、特に自国に直接的影響を及ぼす危機は、リーダーシップが決定を下し、部局間協力推進の契機となる。2001年の同時多発テロは、それまで脆弱国家への関与に消極的だったブッシュ政権の態度を一変させ、米国に対する脅威への対抗としてアフガニスタン、イラクへの介入を開始した。この際、省庁間協力の促進のため、国 務 省 の な か に the Office of the Coordinator for Reconstruction and Stabilization（S/CRS）を設置した[30]。豪州が首相内閣省による省庁間協力の強化を始めたのは2002年インドネシア・バリでのテロ事件後である[31]。

　援助協調の潮流もリーダーシップと官僚組織に影響を及ぼす（第2章2.参照）。その内容は、被支援国政府との関係を支援国が再構築しようとする、支援国家間で共有される動きである。具体的には、国家開発戦略、政策、制度に対してドナーの援助を整合させるアラインメント（alignment）、ドナー間において共通な援助スキームを適用する調和化（harmonization）により、被支援国の負担を軽減しようとする試みである。この潮流に連動して脆弱国家に対する支援枠組みも形成されていった[32]。政府が機能しないなか支援のニーズを的確に掘り起こすため、支援国・組織が合同で派遣するミッション Joint Assessment Mission（JAM）はそのひとつである。JAM には外交、開発関係者がともに参加し、支援のあるべきパッケージを形成するのである。

　さらにリーダーらは国内世論の動向にも敏感である。政府の施策やその成果を国民が認めなければ、人々からの信任に基づく権威の正統性を揺るがしかねないからである。オランダでは、ボスニアに派遣された PKO 部隊がスレブレニツァの虐殺を止められなかったとして国内外で批判が殺到し、当時の政権は辞職した。そこでオランダは海外派兵の是非を定期的に判断するため、政府の議会通告の義務手続き化を憲法に定めた。すると、派兵是非を決める根拠となる多面的な情報・分析のため、国防省と外務省は事前調査や派遣中の調査を共同で行うようになった[33]。警察、司法の専門家の派遣が想定されれば、内務省、

Horitsubunka-sha Books Catalogue 2020

法律文化社
出版案内
2020年版

■民法テキストシリーズ

ユーリカ民法
田井義信 監修

1 民法入門・総則　2900円
大中有信 編

2 物権・担保物権　2500円
渡邊博己 編

3 債権総論・契約総論　2700円
上田誠一郎 編

4 債権各論　2900円
手嶋 豊 編

5 親族・相続　2800円
小川富之 編

新プリメール民法
〔αブックス〕シリーズ

1 民法入門・総則　2800円
中田邦博・後藤元伸・鹿野菜穂子

2 物権・担保物権法　2700円
今村与一・張 洋介・鄭 芙蓉・
中谷 崇・高橋智也

3 債権総論　2700円
松岡久和・山田 希・田中 洋・
福田健太郎・多治川卓朗

4 債権各論　2600円
青野博之・谷本圭子・久保
宏之・下村正明

5 家族法　2500円
床谷文雄・神谷 遊・稲垣朋
子・且井佑佳・幡野弘樹

新ハイブリッド民法

1 民法総則　3100円
小野秀誠・良永和隆・山田
創一・中川敏宏・中村 肇

2 物権・担保物権法　3000円
本田純一・堀田親臣・工藤祐
巌・小山泰史・澤野和博

3 債権総論　3000円
松尾 弘・松井和彦・古積
健三郎・原田昌和

4 債権各論　3000円
滝沢昌彦・武川幸嗣・花本
広志・執行秀幸・岡林伸幸

ハイブリッド民法5
家族法〔第2版補訂〕　3200円
※2021年春〜改訂予定

法律文化社
〒603-8053 京都市北区上賀茂岩ヶ垣内町71 TEL075(791)7131 FAX075(721)8400
URL:https://www.hou-bun.com/　◎本体価格(税抜)

社
会
の
事
象
を
検
証
す
る

◆法学の視点から

「憲法上の権利」入門
井上典之 編　　　　　　　　　　2500円

憲法が保障する「人権」（自由・権利）と一般にいう「人権」の相違をよみとくことから、憲法の基本的な考え方を学ぶ。

◆政治学の視点から

つながる政治学
12の問いから考える
平井一臣・土肥勲嗣 編　　　2800円

なぜ税金を払うのか？選挙で政治はかわるのか？素朴な疑問を手がかりに、政治を理解する基本的な考え方を学ぶ入門書。

◆平和

越境す
アジアにお
金 敬黙 編

現代日本の市民社会 後 房雄・坂本治也 編
● サードセクター調査による実証分析　4100円

共生社会の再構築

Ⅰ シティズンシップをめぐる包摂と分断
大賀 哲・蓮見二郎・山中亜紀 編　4200円

Ⅱ デモクラシーと境界線の再定位
大賀 哲・仁平典宏・山本 圭 編　4200円

Ⅲ 国際規範の競合と調和(刊行予定)
大賀 哲・中野涼子・松本佐保 編　予価：4200円

別巻 多文化理解のための方法と比較(刊行予定)
大賀 哲・中藤哲也・大井由紀 編　予価：2500円

政治哲学概説 寺島俊穂　2800円

アメリカ民主主義の精神　3300円
● マックス・ウェーバーの政治文化分析
スティーブン・カルバーグ 著／師井勇一 訳

フランスと世界
渡邊啓貴・上原良子 編著　3000円

対立軸でみる公共政策入門
松田憲忠・三田妃路佳 編　2500円

21世紀、大転換期の国際社会　2400円
● いま何が起こっているのか？ 羽場久美子 編

SDGs時代の平和学 佐渡友哲 3000円

日本の経済学史
橘木俊詔　2000円
輸入学問である経済学にいかに取りくんできたか。江戸時代から現代までの軌跡を縦横無尽に語る85講話。

ラテンアメリカ研究入門 松下 洌　2600円
●〈抵抗するグローバル・サウス〉のアジェンダ

資料で読み解く国際関係　2900円
佐治明広・古川浩司・小坂田裕子・小山佳枝 共編著

核兵器禁止条約の時代 山口 響 監修　3900円
● 核抑止論をのりこえる

ガルトゥング平和学の基礎　2800円
ヨハン・ガルトゥング 著／藤田明史 編訳

人はなぜ戦争をするのか
戸田 清　1000円

アメリカの医療政策と病院業 予価：5500円
● 企業性と公益性の狭間で　髙山一夫

点から

◆社会学の視点から

◆社会政策の視点から

和学
…解
　　　2600円
Ⅰ部は現場から和の新しい方法を模索、第Ⅱ部日本の内なる越と共生の実態をえる。第Ⅲ部でかに平和の主になりうるかを問直す。

巨大ロボットの社会学
戦後日本が生んだ想像力のゆくえ
池田太臣・木村至聖・小島伸之 編著 2700円

巨大ロボットの登場するアニメ作品の世界と、玩具・ゲーム・観光といったアニメを超えて広がる巨大ロボットについて社会学のアプローチで分析する。

ベーシックインカムを問いなおす
その現実と可能性　　2700円

佐々木隆治・志賀信夫編著 今野晴貴、藤田孝典、竹信三恵子、井手英策ら社会運動や政策提言の論者と、研究者が意義と限界を多角的に検討。

家計から診る貧困　室田眞麻子
●子ども・若者・女性の経済的困難と政策　4200円

水をめぐる政策科学　仲上健一　2100円

貧困と就労自立支援再考
●経済給付とサービス給付　4000円
埋橋孝文／同志社大学社会福祉教育・研究支援センター 編

若者支援とソーシャルワーク
●若者の依存と権利　岡部 茜　4900円

高齢者の生活困難と養護老人ホーム
●尊厳と人権を守るために　2500円
河合克義・清水正美・中野いずみ・平岡 毅 編

新・現代障害者福祉論
鈴木 勉・田中智子 編著　2500円

精神障害と人権　横藤田 誠
●社会のレジリエンスが試される　2700円

新・保育環境評価スケール④〈放課後児童クラブ〉
T.ハームス 他著／埋橋玲子 訳　2400円

子ども この尊きもの　片山忠次
●モンテッソーリ教育の底を流れるもの　2300円

「18歳選挙権」時代のシティズンシップ教育
●日本と諸外国の経験と模索
石田 徹・高橋 進・渡辺博明 編　4200円

正義論 ●ベーシックスからフロンティアまで　基本をおさえ、貧困や環境など今日的課題に
宇佐美 誠・児玉 聡・井上 彰・松元雅和　2800円　正義論から接近。

改訂版

法学部ゼミガイドブック〔改訂版〕
●ディベートで鍛える論理的思考力
西南法学基礎教育研究会　1900円

私たちと法〔3訂版〕
平野 武・平野鷹子・平野 潤　1900円

ゼロからはじめる法学入門〔第2版〕
木俣由美　2400円

新・法と現代社会〔改訂版〕
三室堯麿 編　2400円

ジェンダー法学入門〔第3版〕　2500円
三成美保・笹沼朋子・立石直子・谷田川知恵

現代ドイツ基本権〔第2版〕　10500円
ボード・ピエロート 他著／永田秀樹・倉田原志・丸山敦裕 訳

行政法の基本〔第7版〕
●重要判例からのアプローチ　2700円
北村和生・佐伯彰洋・佐藤英世・高橋明男

18歳からはじめる民法〔第4版〕
潮見佳男・中田邦博・松岡久和 編　2200円

家族法〔第2版〕中川 淳・小川富之 編　2600円

プライマリー商法総則・商行為法〔第4版〕
藤田勝利・北村雅史 編　2400円

レクチャー会社法〔第2版〕　2700円
菊地雄介・草間秀樹・横田尚昌・吉行幾真・菊田秀雄・黒野葉子

刑事政策がわかる〔改訂版〕　2300円
前田忠弘・松原英世・平山真理・前野育三

環境保護制度の基礎〔第4版〕
勝田 悟　2600円

司法省も加わる。このように、派遣の決定と継続の是非を検討する過程において政治的リーダーシップと省庁の垂直的相互作用が強化されたことにより、省庁間協力が生まれた。

　ここから、OECD（Organisation for Economic Cooperation and Development）諸国にみられる制度を概観する[34]。各国は、制度の運用により政策の統一性（policy coherence）を担保すれば、少ない財政負担と簡素化した手続きで、より長期的な安全保障・開発等の目的に沿って諸政策を実行できるという期待を寄せた。ただし、政策の統一性の理念を実践に移すとなると、独自の短期的目標に惑わされず戦略上の長期的目的を追求し続けられるのか、どれだけアクターが自律性を手放せるのか、そして政策を実施できる能力をもつのかが懸念材料となる[35]。また、政策の立案、実施、モニタリング、評価に至るまで、どの局面で協力が必要なのかを問うことが求められる。

　そこで、制度化のパターンをみていく。政策の統一性の志向は、主に本部レベルから現場レベルへの「トップダウン型」の協力を重視する（表4-1参照）[36]。トップダウン型の場合、本部レベルで各部局が政策の立案・モニタリング・評価を共同で行い、現場における政策の実施は各部局が担当することを想定する。より統一的な政策を形成する場合には、執政府長をトップとする閣僚レベルの常設委員会等が戦略・一般的方針を策定する、あるいは執政府代表が強力な権限をもつ等の制度の設計により、関係部局の自律性がある程度制限されることが前提にある。言い換えれば、垂直的な相互作用を規定化する制度が設けられることになる。他方、政策実施の段階で共同作業にあたる志向を「ボトムアップ型」という。ボトムアップ型は、予め政策の立案や評価の段階で何かを共有していることは想定しておらず、主に政策が実施される現場レベルで必要に応じて特定の行動をすり合わせる。トップダウン型と比較すれば、各部局の自律性は確保されやすいことがわかる。

　トップダウン型を目指す場合、部局間の協力（主に水平的な相互作用）を推進するための典型的な4つの制度がある[37]。第1は、各省庁・組織から出向した職員が一同で業務にあたる部局間協力のためのユニットである。第2に、共同で使用する政策の立案、モニタリング、評価をするツールである。ツールを用いてともに計画を策定し、その遂行を監視し事後に評価することで、戦略と理解

表4-1　包括的・全政府アプローチにおける政策立案・
　　　　モニタリング・評価と実施

	政策の立案・モニタリング・評価	政策の実施
トップダウン型	共同作業	分担作業
ボトムアップ型	分担作業	共同作業

出所：筆者作成

の共有が可能となる。第3に財源、人材、物資といった資源を動員するツールである。ODAとそれ以外の財源を危機対応のために確保しておく共同管理基金、危機対応の各種能力を有する人材を確保するための人材登録制度がある。各ツールを有効に使えるように、平時に各ツールの理解や互いの組織理解の促進を図る関係職員への研修・訓練が行われる。第4に、部局間での情報共有システム、ネットワークあるいは協議セッションがある。

　ボトムアップ型は政策の実施の局面における必要に応じた調整を念頭においており、事前の制度の設定は概念上想定されない。ただしアドホックに情報共有やネットワークを構築し、定期的な協議セッションを本部だけでなく現場レベルで開催することは、特定の行動をすりあわせるには必要であり、ボトムアップ型でも組み立てられる制度といえる。

　制度が構築される過程において、自律性を維持する度合いは、各国・組織の志向が組み込まれる。部局間協力が実現しているかを経験から分析する際には、制度の成り立ちを分析することでその意向を読み取り、そのうえで制度の運用を分析することが有用であろう。

4．英国のケース：制度重視の全政府アプローチ戦略からみる対南スーダン支援

　『英国は、南スーダンにおいて、紛争の要因と結果から生じる両方の課題に重要な活動に取り組んでいること─外交官が（課題に）奔走し、援助関係者が食糧や水を届け、300名規模の部隊が厳しい環境下で（人々に）必要不可欠な道路やインフラを建設すること─を誇りに思います。これらは、南スーダンが紛争から自由となるための支援です。和平プロセスに、真の進展が必要でしょう。我々が期待するのは、各勢力が対立をやめ、すべての人々に人道支援が届

けられることであり［ます。］そうすれば紛争に巻き込まれてしまった無辜の
人々を助けられることができるでしょう。』[38]

（2017年12月、アフリカ担当大臣の発言より）

　本節は、国際平和活動における全政府アプローチの実現を目指して制度化が
最も進む英国において、どのような省庁間協力が実現しているかを分析する。
第3節で挙げた制度的要因に着目し、制度がどのような協力を形成できたかを
検証する。

　制度的要因の効果を検証する意義は何であろうか。先行研究は、各国・組織
がどのような制度を形成したかを把握してきたが、その制度の効果を分析する
研究は途上にある。[39] 制度による協力促進の効果の是非を経験から分析すること
は、実証分析のひとつとして蓄積し、全政府アプローチがもつ理念と実際を比
較することが可能となる。

　英国を分析対象とする理由は2つある。第1に、ODA による2015-2016年
度対南スーダン支援額は、米国につづいて第2位の2.71億ドルを占め、1.79億
ドルである第3位の EU を引き離している。[40] 英国にとって、南スーダンの安定
は地域の安定に不可欠であり、同国は将来の有望な貿易パートナーであるとい
う。[41] 現在のスーダンと南スーダンは、英国が軍事侵攻し、1889年実質的に植民
地支配下に置かれて以来の関係を構築していることも留意しておくべきだろ
う。[42]

　第2に英国は、本書が分析対象とする時期まで、政策の統一性を目指して全
政府アプローチの制度化を牽引している。[43] したがって、南スーダンにおいて制
度の適用により全政府アプローチの実現はあるか、という本章の関心に照らせ
ば、英国は最適な分析対象のひとつといえる。また、最も協力の実現が可能で
ありそうな英国の事例を分析した結果、もし協力の実現が困難な点が見いださ
れれば、「制度が国際平和活動でアクター間協力をもたらすか否か」という、
本書の問題関心に示唆を提示することもできるだろう（第1章1.3.参照）。

4.1.　英国アクターの特定と制度の形成過程

　国際平和活動に関する政策の統一性に着目し始めたのは、1997年に舵取りを

始めたブレア政権であった。グローバルパワーとしての地位と植民地統治を経験したイギリスでは、冷戦終結後からアフリカやバルカン半島における複合的危機への関与を先導する方針が政党を超えて政治家の間で共有されており、国民も肯定的であった[44]。

　英国で3Dの役割を担うのは、国際開発省（Department for International Development：DFID）、外務省（Foreign and Commonwealth Office：FCO）、そして国防省（Ministry of Defence：MoD）である。各省庁はそれぞれの所掌において、分野横断的政策の形成には何等かの協力が必要と認識し始めていた。1997年にFCOから独立したDFIDは、脆弱国家の国家建設（国づくり）／制度構築への関わりが増加したが、暴力が止まらなければ開発が進まないと理解し3D省庁間の協力に積極的であった[45]。FCOは、冷戦終結後の地政学的な競争と核拡散問題、国家の破綻、内戦、地域不安定化による安全保障上の脅威を認めていた。そして外交、安全保障だけでなく通商問題、対テロ政策、移民政策などにおいても政府全体として（government as a whole）、そして特に紛争予防分野での3D省庁間の協力の重要性を指摘していた[46]。MoDは、コソボ、シエラレオネ、イラク、アフガニスタンでの経験を通じ、安全保障と開発の試みが連動することを期待していた[47]。また、MoDにはそのような連動のための予算を持ち合わせておらず、連携を深めて負担を共有することも検討していた[48]。

　表4-2は、第3節で示した制度の類型をもとに、英国が設立した制度を整理したものである。英国が、政策の統一性に向けてトップダウン型の制度化を目指すのであれば、本部レベルにおける政策の立案、モニタリング、評価のための制度が形成されているはずである。

表4-2　英国の国際平和活動に関わる部局間協力のための制度

部局間協力のための制度	英国の制度
共同管理基金	CSSF（前 GCPP/ACPP）
部局間調整ユニット	SU（前 PCRU）
共同立案・分析のツール	JACS
部局間情報共有、ネットワーク、協議セッション	CSSF 運営のためのネットワーク

出所：筆者作成

　英国では、３D部局間の水平的な相互作用を推進するための制度形成が先行した。[49]最初に立ち上がったのが財源動員のツールである共同管理基金で、現在のCSSF（Conflict, Stability and Security Fund）である。[50]2004年には、部局間調整のユニットであるPost-Conflict Reconstruction Unit（PCRU）で後のStabilisation Unit（SU）が設置された。PCRU/SUは、アフガニスタン、イラクに派遣されたPRTでの経験を受け、[51]FCOとMoDの間で両者の所掌範囲を跨ぐ紛争予防、国家建設、紛争後復興における政策あるいは方針形成が余儀なくされたのである。現在のSUは、英国政府が、紛争影響国・脆弱国家に対する様々な活動を「統合された調整（integrated coordination）」をするための「支援する」役割を担う。[52]100名規模の専門家と、10省庁から派遣された約100名のスタッフが常駐する組織として、過去の成功事例からの教訓の抽出、各省庁、大使館や現地事務所からの要望に応える等の業務にあたる。

　2009年、議会（庶民院）の防衛委員会は、３D部局とSUがその必要性を認識していることを踏まえ、包括的アプローチのための政策と指針を策定するよう提案した。[53]また同委員会は、政策実施にあたっては国民や国際機関、現地政府や人々からの基本的な同意が必要であるため、コミュニケーションをとって政策内容を伝達するよう推奨した。

　2010年に改訂されたNational Security Strategy（NSS）、新たに制定されたStrategic Defence and Security Review（SDSR）では、全政府アプローチの適用が紛争予防、危機管理の戦略として示された。[54]その言及が2011年に３D省庁合同で発行したBuilding Stability Overseas Strategy（BSOS）で明確化され、早期警戒、即応的な危機回避と対応、予防強化として強力で正統性のある制度や強靭な社会をつくることを優先施策として掲げた。[55]BSOSは、2010年設立の国家安全保障会議（National Security Council：NSC）のもとで各大臣が戦略を策定すること、３省庁の閣僚と次官補・局長が協議するBuilding Stability Overseas Board（BSOB）の設置により次官補・局長が戦略の遂行に責任をもつこととなった。[56]

　このように閣僚と行政間の垂直的な相互作用の関係が明確になると、その方針を実施に移すための共同立案・分析のツールであるJACS（Joint Analysis of Conflict and Stability）を導入した。[57]2015年以降はNSCがCSSFの対象国、地

域、テーマを決定することとなり、3省庁が共同で現場の状況分析や計画の策定を行う必要性が生じ、SU は専門分野の助言を行っている。

　英国における一連の制度化は、DFID が主導の役割を担ったとの評価がある。脆弱国家への支援には、ガバナンスや市民社会の強化といった開発部局が所掌する分野が欠かせず、DFID が風通しのよい新しい組織体制であったことも功を奏したという。[58] 現場での教訓を踏まえ、他の省庁も複合的危機に対して協力が必要との認識を持ち合わせており、将来紛争予防、危機管理が抱える分野横断的課題に取り組むための土台づくりに同意した。脆弱国家に関与した経験から、所掌範囲が異なる部局同士の水平的な相互作用を強化する必要性を感じ取った各部局が、共通利益の存在を見出してきた面は見逃せないだろう。

5．英国の支援と省庁間協力のための制度の適用

　英国による対スーダン／南部スーダン支援では、PCRU/SU の設立に先立ち、2002年5月に FCO と DFID が特使と要員5名から成る共同ユニット（joint FCO/DFID unit）を立ち上げたことが特筆できる。共同ユニットの目的は、本部レベルで対スーダン／南部スーダン戦略文書を策定することであった。[59] MoD は国防の観点上重要性がなく本ユニットに参加しなかった。[60] ただし、ナイロビ（のちにアディスアベバ）の大使館内にスタッフを派遣し、MoD 要員が参加する国際監視メカニズム等の状況をモニタリングしている。同時期に立ち上がった当初の共同管理基金である Africa Conflict Prevention Pool（ACPP）の運営委員会がプログラムを作成した一方、FCO 内に設置された共同ユニットが対スーダン／南部スーダン支援の方針を決定する足場となった。

　包括的平和合意（CPA）締結後、現場レベルではハルツームとナイロビの大使館内に ACPP のプログラムを管理する要員2名が配置された。同年11月にはプールファンドであるスーダン復興信託基金（MDTF）（第2章2.2.参照）に参加する6か国（デンマーク、カナダ、オランダ、スウェーデン、ノルウェー、英国）共同のドナーオフィス（Joint Donor Office）に DFID 要員2名が加わった。南スーダン独立9か月前には DFID 要員を首都ジュバに派遣し、独立直後には他の国に先立ち大使を配置すると同時に DFID が主導する DFID と FCO の共

同オフィス（joint office）を開設した。[61] 以下では 3 D ＋ H（人道）分野での英国
の関わりと、制度の適用につき分析を進める。国際社会による南スーダンへの
関与の柱となった和平プロセス支援と人道復興支援に、3 D を管轄する 3 省
庁がどのように関わったかに着目しよう（対南スーダン支援の枠組みについて第 2
章 2. および 3. 参照）。

5.1.　防衛（国連平和活動）分野

　2005年以来、国連ミッションへは軍事要員（警察要員）6 名程度を派遣して
いたが、2017年より PKO 改革への英国のコミットの一環として、300名規模
の施設・医療部隊を UNMISS に送り出した。[62] この部隊派遣の予算は、SDSR
に示される国際秩序とその組織を強化するとの戦略に基づき、共同管理基金
（CSSF）より支出されている。[63] CSSF は、国連 PKO 分担金や、DPKO に対し
部隊編成や性的搾取・虐待の課題に関する任意拠出金を併せて支出している。

5.2.　外交（政治）分野

　CPA 前夜、英国はスーダンの与党国民会議党（National Congress Party：NCP）
と反政府組織スーダン人民解放運動／スーダン人民解放軍（Sudan People's
Liberation Movement/ Army：SPLM/A）の間における和平交渉への関与を深め
ていった。1999-2000年にかけて特使の派遣により米国との連携を模索し、
2002年 1 月、国際開発大臣がスーダンを訪れ同国を「支援優先国」と明言した。
　紛争予防を重視する英国の対スーダン政策を財政面から下支えしたのが共同
管理基金である。移行期における供与対象は、2002年 2 月に開始した Joint
Military Commission（JMC）、2003年 4 月からの the Verification and Monitoring
Team（VMT）、そして IGAD のスーダン事務局の開設、PKO 等に関するセミ
ナー開催である。[64] JMC と VMT は、それぞれ南コルドファン州のヌバ山、南
部スーダンにおける停戦監視のための国際監視メカニズムであり、トロイカ体
制各国ほか、オランダ、スイス、ドイツ、イタリア、フランスが出資した。米
国が JMC を主導する一方、英国は VMT の設立を IGAD のもとで支援し、
MoD が JMC と VMT に要員各 1 名を配属した。
　独立後も引き続き、英国は予防外交に取り組んでいる。移行期と同様に共同

管理基金を用い、3州のコミュニティによる早期警戒・即応対処システムの形成支援[65]や、「南スーダンにおける衝突の解決に関する合意」（ARCSS）の履行のため、共同監視評価委員会（JMEC）、停戦・移行期治安協定監視メカニズム（CTSAMM）への人員派遣、技術支援、訓練コースの提供などを実現させた[66]。2013年末以降は、東アフリカ諸国主導の交渉を一層重視した。英国は、米国と協力しながらARCSSの履行監視を進め、停戦を呼び掛ける共同ステートメントを繰り返し発出した[67]。

5.3. 開発（人道・復興を含む）分野

英国は2002/03年度より、国際NGOや国際機関を通じた緊急人道支援を再開した[68]。その支援額は、2000年前半では2000万ポンド程度（人道に限定）から、2005-2006年には年額12,000万ポンド（復興・開発含む）に達した。移行期ではJAMによる共同ニーズ分析が進み、その結果策定されたプールファンドに英国は支援額の約半分を充当し、北部、南部のガバナンスを支えた[69]。2010年には支援額の約80％をプールファンドに充てた[70]。

他方、独立後は2国間支援によりプログラムを構成するように方針転換を図った[71]。その指針をまとめたDFID作業計画（2011-2015）では、保健、教育、ガバナンス、女性、人道を支援対象とした[72]。平和、安定、包括的なガバナンス、人権尊重、より公平な成長という英国政府としての支援方針に基づき、DFID/FCOの共同オフィスが共同管理基金も活用しながら汚職対策や防衛分野の支援を策定していった点が特徴だ[73]。

しかし2013年末以降の治安悪化に対応するべく、英国は緊急人道支援、食糧安全保障、基礎サービスの供給、ガバナンス支援から成る1年の暫定プログラムを組み立てた。なお、南部スーダン政府（Government of South Sudan：GoSS）の財政管理の脆弱性と汚職蔓延への批判的姿勢を貫き、英国はGoSSを介さず資金を供与している[74]。2017-2018年度の支援のチャネル先は国連システム（45％）、NGO（35％）、開発分野を専門とする企業（20％）となった[75]。

5.4. 制度の適用によりどのような協力が実現したか

トップダウン型の「全政府アプローチ」を推進する英国は、その必要性を各

省庁が認識をしながら、諸制度を2000年前後から段階的に形成してきた。その
ため、諸制度の形成過程の過渡期にあった対南スーダン支援は、共同管理基金
の活用と共同ユニットの立ち上げにより、特に外交と開発分野の水平的な相互
作用が強化されることとなった。

　3D＋Hのどの分野の支援も、組織間協力で形成された枠組みに影響を受
けていることは留意すべき点である。国連ミッションの形成は各国の財政、人
員提供なしには実現しえず、各国からの何かしらの貢献が求められている。そ
のなか英国はCSSFを用い、アフガニスタンへの部隊派遣に代わる平和と安
定、PKO改革への貢献として、部隊派遣が戦略上の決定であると明示した。[76]

　一方、外交分野における部局間協力は、南スーダンに特化した組織間協力に
よって形成された国際的な支援枠組みと連動していた。予防外交や国際監視メ
カニズムも米国の積極的な関与はあるにせよ、いずれも単独の国や国際組織だ
けで成り立っていない。[77]移行期では本部レベルのFCOとDFIDの共同ユニッ
トと大使館の議論によって、共同管理基金を用いて政治交渉、紛争予防のプロ
グラムが立案された。IGAD単独あるいは周辺国のみでは十分な資金・人員を
確保できなかった点に鑑みれば、速やかにCPA履行に必要なリソースを提供
した迅速性と、外部からの関与を保証するという持続性の確保が可能となった
点が評価できる。[78]

　人道・復興開発分野における英国の支援の形成は、国際社会が推進した援助
協調に則った面が大きい。移行期で運用されたプールファンドは、各支援国・
組織の財源を南スーダンへと動員させるツールである。6か国共同のドナーオ
フィスに人員を配置することで当該分野への支援業務をここに特化させ、効率
的な管理を行ったという評価がある。低開発が紛争の一要因であるという支援
国間での共通認識のもと、人道支援とともに復興開発に重点を置いたことを意
味する。特にCPA調印はパリ宣言の採択直後であり、南スーダンを「紛争後」
復興の段階にあると位置づける風潮がみられた。[79]ただし、プールファンドは、
被支援国政府にとって煩雑な手続きを回避し迅速なサービスの提供が期待され
ているが、事後MDTFの管理の質に批判が集まった。英国の超党派議員グ
ループ（All Party Parliamentary Group for Sudan and South Sudan：APPG）は、世
界銀行の執行手続きが遅延し適任の人員が配置されないなど、MDTFの資金

が十分に生かされなかった問題を指摘した。[80)]

　南スーダン独立後は、現場レベルにおける DFID 主導の共同オフィスを設置することにより、外交・開発アクター間の水平的な相互作用が緊密となった。政策の立案、モニタリング、評価の場を部分的に現場レベルにも設けたことで、政策の統一性を強化したのである。

　しかし、政策の統一性を重視した紛争予防・管理への貢献のありかたは模索中である。2013年の治安悪化で露呈した課題は、南スーダンが抱える多層的な分断・対立に対し目を向けることであった。独立前から緊迫していく情勢は各国・組織の知るところであり、英国はこの問題に対処しきれなかった点を自省している。APPG は、外交と開発の努力が連動しておらず長期的視点が欠如したと指摘し、外交アクターがもつ情報を開発アクターと共有し、情勢把握や分析を共に行うことを提案した。[81)] APPG によると、開発アクターは外交団がもつ政治状況に関する情報と接することなくプロジェクト管理を進めたという。この指摘は、現場レベルの共同オフィスが人道・復興開発分野のプログラム策定という限定的な範囲での共同作業の足場であったことを示唆している。

おわりに

　本章は、「平和」の達成が各国の共通利益として目指すものでありながら、その実現を目指す国際平和活動は多数の国・組織が自己利益との折り合いをつけつつ生み出されるものである、という理解から始まった。そのなかで、各国が採用する全政府アプローチは、３D 省庁間協力という水平的な相互作用が主眼にある一方、執政府代表と各省庁（部局）との垂直的な相互作用と組み合わせて実現しうる。制度の役割は、主にアクター同士が共通利益を見出し、協力を確保することにある。全政府アプローチのなかでも「トップダウン型」の制度化では、政策の統一性を理念として、各部局が自律性に一定程度の制約をかけつつ政策の立案・モニタリング・評価の各局面で共同作業を推進するための制度が成り立つ。

　英国のケースは、この「トップダウン型」を制度として成り立たせることに腐心しながら、脆弱国家への関与に適用してきた。国際的な支援枠組みのもと

に人的・財的資源を注入していくことに英国は積極的であり、南スーダンの国家建設への貢献を主導した国のひとつである。一方で、省庁間協力では課題もみえてきた。協力促進のための制度が確立されてきた状態でも、政策立案に力点が置かれることから、その後の政策履行の段階では協力が限定的となり、現場の変化に対応しきれないことが明らかになった。さらに、本書の主要な分析対象ではないものの、南スーダンにおいて内戦が悪化の一途を辿ったことは、支援側の協力が同国における平和の達成に結びついていないことを物語っている。英国に限らず、支援する側の自己分析と課題の洗い出しが求められるのではないか。

推奨図書

1. 稲田十一編『開発と平和：脆弱国家支援論』有斐閣ブックス、2009年。

    脆弱国家を国際社会がどのように支援してきたかの背景や支援の仕組み（本章でいう制度）が、国際関係論、政治学、経済学などの知見から紹介されている。カンボジア、東ティモールの支援状況の事例分析も参考になる。

2. インゲ・カール（編集）、マーク・A. スターン（編集）、イザベル・グルンベルグ（編集）、FASID 国際開発研究センター（翻訳）『地球公共財―グローバル時代の新しい課題』日本経済新聞社、1999年。Karl, I., Grunberg, I. & Stern, M.A. (1999) *Global Public Goods: International Cooperation in the 21st Century*, Oxford University Press.

    地球公共財の性質をあぶり出す。適切に供給されない財を賄うには、地域、グローバル、世代間をつなげる仕組み、企業や市民社会の参加、参加のためのインセンティブを掘り出すことなどを提案する。

3. 砂原庸介・稗田健志・多湖淳『政治学の第一歩』有斐閣ストゥディア、2015年。

    方法論的個人主義のアプローチ、特に合理的選択論を採用する政治学を学ぶためのテキスト。本章でも扱った基本的なゲーム理論の適用を理解できる。

4. Scott Barrett, *Why Cooperate? The Incentive to Supply Global Public Goods*, Oxford: Oxford University Press, 2007.

    地球公共財を供給する方法によって分類化し、どのように供給しうるかを提案する書。2 の推奨図書の続編である *Providing Global Public Goods: Managing*

Globalization（高橋一生監訳・編『地球公共財の政治経済学』国際書院、2005年）にもこの書と関連する章がある（注7参照）。

5．Stefani Weiss, Hans-Joachim Spanger, Wim van Meurs, eds., *Diplomacy, Development and Defense: A Paradigm for Policy Coherence*, Verlag Bertelsmann Stiftung, 2010.

　　米国、英国、オランダ、ドイツ、国連、EU の全政府・包括的アプローチを比較分析した書。執筆当時から更新が必要な内容もあるが、各国、組織が抱える制度の特徴の共通点と差異点が参考になる。

◉ディスカッションポイント

確認問題

　▶国際平和活動への参加あるいは参加維持を決定する際、一国家がもつ共通利益と自己利益はそれぞれ何がありうるか。

発展問題

　▶国際平和活動における部局間協力を阻害する要因とはなんだろうか？
　　トップダウン型の協力を推進する場合の4つの典型的な制度がどのような阻害要因を除くためにつくられたのかを考えてみよう。

　▶英国が推進してきた、トップダウン型の省庁（部局）間協力を強化するメリットとデメリットはなにか？国際的な支援枠組み、外部アクター間協力があることを念頭に考えてみよう。

1）山本慎一・川口智恵・田中（坂部）有佳子編著『国際平和活動における包括的アプローチ―日本型協力システムの形成過程』内外出版、2012年、26, 45頁。
2）制度の定義に関して以下参照。建林正彦・曽我謙悟・待鳥聡史『比較政治制度論』有斐閣アルマ、2008年、38-42頁。
3）1国内で供給される公共財と比較して論じられる「地球公共財」の特徴については推奨図書2を参照。
4）James D. Fearon and David D. Laitin, "Neotrusteeship and the Problem of Weak States," *International Security*, vol.28 no. 4（2004), pp. 5 -43.
5）Todd Sandler, "International Peacekeeping Operations: Burden Sharing and Effectiveness," *Journal of Conflict Resolution*, vol.61 issue 9（2017), pp.1875-1897.

6 ）例として、Koops, Joachim A., Norrie MacQueen, Thierry Tardy &Paul D. Williams, eds., *The Oxford Handbook of United Nations Peacekeeping Operations*（Oxford: Oxford University Press, 2015）, pp. 6 - 7 .

7 ）なお、支援する側が公共財にかかるコストに関係なく、全く自発的にあるいは一方的に支援をすることもある。バレット（Scott Barrett）によれば、国内の公共財を他国が供給する場合自己利益の追求だけでは実現は難しく、思いやり（compassion）が必要で、ワクチン接種への財政支援はその例であるという。本章では、そのような思いやりの存在を否定しないが、多種多様なアクターが存在する場合にそのような思いやりによる国際平和活動の完全な供給は難しいことに鑑み、議論に一旦含めないこととする（推奨図書 4 　pp.12, 168参照）。

8 ）田中（坂部）有佳子「第 3 章　国際平和活動における包括的アプローチ」山本・川口・田中（坂部）、前掲書、67-69頁。

9 ）例えば以下参照。Timothy Donais, *Peacebuilding and Local Ownership: Post-Conflict Consensus-Building*,（Abington: Routledge, 2012）.

10）Department of Peacekeeping Operations and Department of Field Support, United Nations, *Peacekeeping Operations Principles and Guidelines*, 2008.

11）Secretary General's High-level Panel, United Nations, *Delivering as One: Report of the Secretary-General's High Level Panel*, 2006.

12）EC, *Joint Communication to the European Parliament and the Council: The EU's Comprehensive Approach to External Conflict and Crises*, 11. 12. 2013, JOIN（2013）final.

13）EU, *Shared Vision, Common Action: A Stronger Europe: A Global Strategy for the European Union's Foreign and Security Policy*. June 2016.

14）Tom Christensen and Per Laegreid, "The Whole-of-Government Approach to Public-Sector Reform," *Public Administration Review*, vol.67 no. 6 (2007), pp.1059–1066.; OECD, *Whole of Government Approaches to Fragile States*, 2006, OECD publishing.

15）Tom, Christensen and Per Laegreid, *The Whole-of-Government Approach- Regulation, Performance, and Public-Sector Reform*, Stein Rokkan Centre for Social Studies, UNIFOBAS, August 2006.; Stefani Weiss, Hans-Joachim Spanger, Wim van Meurs, eds., *Diplomacy, Development and Defense: A Paradigm for Policy Coherence*,（Verlag Bertelsmann Stiftung, 2010）. 特に以下の章を参照。"Precarious States Strutegies: Toward a Culture of Coherence".

16）Jean-Marie Guéhenno, The Fog of Peace The Fog of Peace: A Memoir of International Peacekeeping in the 21st Century（Washington, D.C.: Brookings Institution Press, 2015）（ジャン＝マリー・ゲーノ、庭田ようこ訳『避けられたかもしれない戦争』東洋経済新報社、2017年）.

17）国際平和活動全般を維持するには紛争前から紛争後の時間的ギャップ、一時的にあるいは特定分野に支援が集中する資金上のギャップなどを最小化していく必要がある。田中（坂部）有佳子・川口智恵「積極的平和主義の実現に向けた日本の「全政府アプローチ」：東ティモールの事例から」『防衛法研究』第38号、2014年、Ⅱ参照。

18）国際平和活動により期待される効果については、効果性、効率性のほかに正統性の確保も論じられている。田中（坂部）、前掲論文、2.2. 3 を参照。

19）Christensen and Laegreid 2006, op.cit.

20）Thomas Schelling, *The Strategy of Conflict* (Cambridge: Harvard University Press, 1980)（トーマス・シェリング、河野勝監訳『紛争の戦略』勁草書房、2008年。）特に第3章参照。

21）非協力ゲームが示すより詳細な国際協力への含意を論じた日本語文献として以下参照。高木保興編『国際協力学』東京大学出版会、2004年；武田康裕「国際協力論の射程―協力概念の再検討―」『防衛大学校紀要』第90輯、2004年3月、37-58頁。

22）Robert Axelrod, *The Evolution of Cooperation* (N.Y.; Basic Books, 1984)（ロバート・アクセルロッド、松田裕之訳『つきあい方の科学：バクテリアから国際関係まで』ミネルヴァ書房、1998年。）；以下のPart Ⅰ, Ⅳを参照。Oye Kenneth A. (ed.), *Cooperation Under Anarchy*, (Princeton: Princeton University Press, 1986).; Christensen and Laegreid 2006, op,cit.; John Halligan, Fiona Buick and Janine O'Flynn, "Experiments with joined-up, horizontal and whole-of-government in anglophone countries", in *International Handbook on Civil Service Systems*, Andrew Massay ed., Cheltenham: Edward Elgar Publishing, 2010, pp.74-99.

23）共に協力を選択するには、相手が協力を選べば自分も協力を、相手が裏切りを選べば自分も裏切りを選択するしっぺ返しの戦略を採ることをアクセルロッドは論じた。その結果互恵関係を結ぶことができ、互いが裏切らない限り協力が持続すると論じた。ただし、彼がこの主張を展開した元となるシミュレーション結果は、必ずしもしっぺ返し戦略の有効性を十分に担保できないとする指摘もある。

24）Mancur Olson, *The Logic of Collective Action: Public Goods and the Theory of Groups* (Cambridge: Harvard University Press, 1965)（マンカー・オルソン、依田博・森脇俊雅訳『集合行為論』ミネルヴァ書房、1983年。）

25）Robert O. Keohane, *After the Hegemony: Cooperation and Discord in the World Political Economy* (Princeton: Princeton University Press, 1984)（ロバート・コヘイン石黒馨・小林誠訳『覇権後の国際政治経済学』晃洋書房、1988年。）特に第6章。; Epstein, David and Sharyn O'Halloran, *Delegating Powers: A Transaction Cost Politics Approach to Policy Making Under Sepearate Powers*, (Cambridge: Cambridge University Press, 1999). 特に第3章。

26）Christensen and Laegreid 2006, op.cit.

27）Peter Alexis Gourevitch, "The Governance Problem in International Relations," in *Strategic Choice and International Relations*, David A. Lake and Robert Powell,eds., (Princeton: Princeton University Press, 1997.), pp.137-164.; Christensen and Laegreid 2006, op.cit.

28）庄司貴由『自衛隊海外派遣と日本外交―冷戦後における人的貢献の模索』日本経済評論社、2015年。

29）川口智恵「日本の国際平和協力における全政府アプローチの形成―イラク支援を事例に―」神余隆博他編『安全保障論―平和で公正な国際社会の構築に向けて』信山社、2015年。

30）Brendan Ballou, "Why America's Nation Building Office Failed and What Congress Had to Do with It," *Stability: International Journal of Security & Development,* vol.3

issue 1 （2014）, pp. 1 -17. ただし、S/CRS は機能せず 3 D 部局間の協力は未達成であったとしている。

31） Halligan J. and Adams, J. "Security, capacity and post-market reforms: Public management change in 2003", *Australian Journal of Public Administration,* vol.63 issue 1 （2004）, pp.85-93.

32） そのほかの枠組みについては田中（坂部）前掲論文、3.1参照。

33） Van de Goor, L., "The Netherlands Response to Precarious States," Weiss, Spanger, and van Heurs eds., op.cit.

34） OECD 2006, op.cit. OECD 開発援助委員会（DAC）では、開発のための政策の統一は1990年代から論じられてきており、いわゆる「安全保障と開発のネクサス」も、この議論のなかで発展した概念であると位置づけられる。Thede Nancy, "Policy Coherence for Development and Securitisation: competing paradigms or stabilising North–South hierarchies?," *Third World Quarterly,* vol.34 no. 5 （2013）, pp.784-799.

35） De Coning, Cedric and Karsten Friis, "Coherence and Coordination: The limits of the Comprehensive Approach," *Journal of International Peacekeeping* Vol.15 Issue 1 - 2 （2011）, pp.243-272.

36） Weiss, Spanger, and van Meurs, eds., op.cit., "Precarious States Strategies" の章参照。

37） Kristiina Rintakoski and Mikko Autti, *Seminar Publication on Comprehensive Approach: Trends, Challenges and Possibilities for Cooperation in Crisis Prevention and Management* （Crisis Management Initiative, 2008）.; OECD 2006, op.cit., pp.25-38.

38） DFID and Rory Stewart OBE MP, "New UK aid support for South Sudan: UK government announces £52 million humanitarian package for the people of South Sudan as peace talks begin." Published 14 December 2017, 英国政府ウェブサイト（https://www.gov.uk/）。

39） Cumming, Gordon D., "The European Union in Sudan: A Missed Opportunity?," *The Commonwealth Journal of International Affairs,* volume 104 issue 4 （2015）, pp.473-488.

40） OECD/DAC, *Development Finance Data, South Sudan,* accessed September 14, 2017, http://www.oecd.org/dac/financing-sustainable-development/development-finance-data/aid-at-a-glance.htm. 第 1 位の米国は5.73億ドル。

41） DFID "South Sudan 2018", 6 July 2018, 英国政府ウェブサイト .

42） 栗田禎子「南スーダンの独立から1年あまりを経て」『アフリカ NOW No.96』アフリカ日本協議会、2012年、http://www.ajf.gr.jp/。

43） Patrick Stewart and Kaysie Brown, *Greater than the Sum of its parts?: Assessing "Whole of Government" Approaches to Fragile States*（N.Y.: International Peace Academy, 2007）.

44） Kiso, J.O. "The UK Response to Precarious States: Innovative Ideas on the Long Path toward a More Interdisciplinary Policy," Weiss, Spanger, and van Meurs（eds.）, op.cit.

45） DFID, *Eliminating World Poverty: A challenge for the 21ˢᵗ Century,* London, 1997, p. 69.

46） FCO, *White Paper: Active Diplomacy for a Changing World: The UK's International Priorities,* Presented to Parliament by the Secretary of State for Foreign&

Commonwealth Affairs by Command of Her Majesty, March 2006, p.43.

47) The Joint Doctrine & Concepts Centre, Ministry of Defense, United Kingdom, *The Comprehensive Approach*, Joint Discussion Note 4/05, January 2006.; Ministry of Defence, *Security and Stabilisation: The Military Contribution Joint Doctrine Publication 3-40*, November 2009.

48) Weiss, Spanger, and van Heurs eds., op.cit., "Precarious States Strategies" の章参照。

49) Brusset, Emery, *Evaluation of the Conflict Prevention Pools: Sudan*, Evaluation report EV647, Country/Regional Case Study 4 Sudan, Bradford University, Channel Research ltd, PARC& Associated Consultants, March 2004, p.iii.

50) 2001年4月に設立されたのは Global Conflict Prevention Pool（GCPP）。ACPP は、同じ趣旨でサブ・サハラ・アフリカ地域に支援対象を特化した基金。UK government, "Policy Paper Conflict Pool," 英国政府ウェブサイト.

51) Waldman, Thomas, Sultan Bakarat, and Andrea Varisco, *Understanding Influence: The Use of Statebuilding Research in British Policy*（Abington: Routledge, 2016）, p.40; ODI（Overseas Development Institute）Humanitarian Policy Group 関係者へのインタビュー（2017年3月14日）。

52) UK government, "Stabilisation Unit," 英国政府ウェブサイト.

53) House of Commons, Defence Committee, The Comprehensive Approach: the point of war is not just to win but to make a better peace, Seventh Report of Session 2009-10, 18 March 2010, p.3.

54) DFID, FCO, MoD, Securing Britain in an Age of Uncertainty: The Strategic Defence and Security Review, 2010, pg.12.; Waldman, Bakarat, and Varisco, op.cit., p.37.

55) DFID, FCO, MoD, *Building Stability Overseas Strategy*, 2011.

56) Below, Alexis and Anne-Sophie Belzie, "Comparing Whole of Government Approaches to Fragile States," *BIGS Policy Paper* No.3, May 2013.

57) FCO, Cabinet Office, DFID, MoD, *Joint Analysis of Conflict and Stability*, *Guidance Note*, 2012.

58) Kiso, op.cit.

59) National Audit Office, *Department for International Development: Operating in Insecure Environments*, Report by the Comptroller and Auditor General, HC 1048 session 2007-2008, 16 October 2008, The stationery Office, pp.48-50.

60) Brusset, *Evaluation of the Conflict Prevention Pools*, op.cit., p.24.

61) House of Commons, International Development Committee, *South Sudan: Prospects for Peace and Development*, Fifteen Report of Session 2010-12, The Stationery Office Limited,12 April 2012, p.17.

62) DFID, *DFID South Sudan Profile*, 20 July 2017, 英国政府ウェブサイト。

63) HM Government, *Conflict, Stability and Security Fund: Annual Report 2016/2017 a Cross-Government approach to tackling insecurity and instability, July 2017*, p.16.

64) Brusset, *Evaluation of the Conflict Prevention Tools*, op.cit, pp.2, 24.

65) HM Government, *Conflict, Stability and Security Fund*, op.cit., p.19.

66) UK Government "CSSF Programme Summary. South Sudan National Level Conflict

Reduction,"英国政府ウェブサイト。最新の17/18年度の予算規模は1.8百万ポンド。

67) Press Release "Troika and EU Joint Statement on South Sudan," 20 July 2017, 英国政府ウェブサイト。

68) Brusset, *Evaluation of the Conflict Prevention Pools,* op.cit. Annex 1.

69) National Audit Office, op.cit.

70) Bennett, Jon. et al., *Aiding the Peace: A Multi-donor Evaluation of Support to Conflict Prevention and Peacebuilding Activities in Southern Sudan 2005-2010,* December 2010, ITAD Ltd., p.59.

71) DFID, *DFID Operational Plan 2011-2016,* Updated December 2014.

72) DFID, *Operational Plan 2011-2015: DFID South Sudan,* July 2011.

73) House of Commons, International Development Committee, *South Sudan,* p.17.

74) DFID, *Operational Plan 2011-2015*, op.cit, pp. 2 - 3.

75) DFID, *South Sudan Profile July 2017,* 英国政府ウェブサイト。

76) David Curran and Paul D. Williams, *The UK and UN Peace Operations: A Case for Greater Engagement,* Oxford research group, May 2016, p. 4.

77) Hilde F. Johnson, *The Untold Story: from Independence to Civil War* (London, New York: I.B. Tauris, 2016).

78) Brusset, *Evaluation of the Conflict Prevention Pools,* op.cit., p. 3.

79) Bennett et al., *Aiding the Peace,* op.cit., p. xv, 36.

80) APPG, *Bridging the Gaps: Lessons from international engagement with South Sudan 2011-2014,* January 2015, p.31.; House of Commons, International Development Committee, *South Sudan,* p.30.

81) Ibid., pp.11-16.

【田中（坂部）有佳子】

第5章　国際組織研究からみた国際平和活動

はじめに

　本章では、国際平和活動を研究するアプローチとしての国際組織研究¹⁾を取り上げる。

　国連をはじめ、様々な国際組織が、国連平和維持活動（UN Peacekeeping Operations：PKO）など多岐にわたる取り組みに関与している。その歴史的背景として、国家間の紛争は外交を通じて解決が試みられてきた。古くはヨーロッパ国際関係では、ナポレオン戦争後にウィーン会議が開催され、多国間で戦後秩序を構想した。第一次世界大戦、第二次世界大戦など、多くの国や地域を巻き込むようになるほど、戦後処理を行う場として国際組織が活用されてきた。さらに、第一次世界大戦と第二次世界大戦の間（戦間期）には、不戦条約・軍縮の動きもみられた。

　国際平和活動と国際組織の歴史的背景としてもう一つ挙げるべきは、第一次世界大戦、第二次世界大戦後の植民地の取り扱いである。それぞれ、国際連盟による委任統治、国連による信託統治が行われたが、これらはPKOの紛争経験国・地域における国家建設（再建）の素地を作ったと言える。

　国際平和活動における国際組織の機能としては、第一に、加盟国が国際平和活動を国際公共財として実施するために必要な協議を行う場（forum）の提供が挙げられる。諸国家の政治的意思（political will）を集めるとともに、討議・交渉を経て、決議や報告などを通じた正統性（legitimacy）の付与が不可欠である。たとえば、国連総会や安保理がそれにあたる。このような討議・協議の場では、アクター間で、国際平和活動に必要な人的・物的・金銭的資源の調達・分配についても検討される。どの国が何のために、どの程度、何を提供する（しない）のかは、国際平和活動の有用性を左右する。

　第二に、国際組織は国際平和活動の実施主体でもある。たとえば、2019年1

月以降のグテーレス事務総長の改革以来、今日の PKO は国連事務局本部の平和活動局（DPO）、オペレーション支援局（DOS）が担当し、政治活動については政治・平和構築局（DPPA）が担当している。人道分野には人道問題調整事務所（OCHA）があり、人権に関しては人権理事会が取り扱うも、すべての加盟国を拘束する決定を行うのは安保理である。国連の平和構築委員会とその事務所（PBSO）が平和構築を担っており、開発分野の調整は現場レベルで国連開発計画（UNDP）主導の国連カントリー・チームが行う。これらの組織および調整グループは、各時代の国際平和活動に適応すべく、組織改編を経てきた。各組織がアクターとして協力・調整に取り組むうえ、各組織は国連加盟国から資源と活動の正統性を得なければならない。

　このようにみてみると、国際組織は、NGO や企業といった非国家アクターの機能と役割が重要性を増す中でも、依然として不可欠なアクターであることがわかる。それでは、国際組織とはどのようなものだろうか？国際組織に関する研究はどのように行われてきたのだろうか？そして、国際組織と国際平和活動に関する研究動向はいかなるものだろうか？

1. 国際組織研究とは

1.1. 国際組織とはなにか

　そもそも、国際組織とは何だろうか？国連、世界銀行、欧州連合（EU）、東南アジア諸国連合（ASEAN）、アフリカ連合（AU）といった具体例を思い浮かべる人も多いだろう。

　山田によれば、現在、国際組織は世界中におよそ300程度存在する。[2] 国際組織の類型が多岐にわたり、一概に定義することは困難である。それでも、国際組織の定義を暫定的に設定してみれば、下記のようになろう。

　①複数（3 ヵ国以上）の国家によって、

　②共通の目的のために、

　③国際条約に基づき設立された、

　④常設の組織（事務局を備えている）。

　この4点は、これまで国際組織について研究してきた様々な研究者の定義に

表5-1　国際組織の類型

国際組織の類型	主な具体例	特徴	国際平和活動への関与の度合い
普遍的国際機構	国際連盟、国連	加盟するうえで地理的条件はなく、扱うイシューも多岐にわたる。	非常に高く、アクターとして国際平和活動を展開する。グローバルレベルで諸アクターのフォーカルポイントとなる。
専門的国際機構	ブレトンウッズ系組織（世界銀行など）、世界貿易機構（WTO）、国際原子力機関（IAEA）、石油輸出国機構（OPEC）、イスラム協力機構（OIC）	加盟するうえで地理的条件はないが、特化したイシューを扱う。	国際平和活動の主たる実施者ではない。しかし、経済・軍縮といった関連分野で関与する。
地域機構	東南アジア諸国連合（ASEAN）、アフリカ連合（AU）、上海協力機構（CSO）、米州機構（OAS）、アラブ連盟（LAS）	特定の地域に属する国家が構成する。扱うイシューは多岐にわたるが、設立当初は特定のイシューに特化していた場合もある。	機構によっては非常に高く、アクターとして国際平和活動を展開するとともに、リージョナルレベルで諸アクターのフォーカルポイントとなる。
準地域機構	西アフリカ諸国経済共同体（ECOWAS）をはじめとするアフリカの諸組織、北欧協議会	各地域の下位（サブ）の国家が構成する。扱うイシューは多岐にわたるが、設立当初は特定のイシューに特化していた場合もある。	機構によっては非常に高く、アクターとして国際平和活動を展開するとともに、下位地域（サブリージョナル）なレベルで諸アクターのフォーカルポイントとなる。
専門的地域機構	北大西洋条約機構（NATO）	特定の地域に属する国家で構成され、特化したイシューを扱う。	機構によっては非常に高く、アクターとして国際平和活動を展開する。
超域専門機構	アジアインフラ投資銀行（AIIB）、欧州安全保障協力機構（OSCE）	特定の地域に属する国家で構成されるも、域外国の参加が顕著である。特化したイシューを扱う。	機構の設立目的によって国際平和活動への関与の度合いが大きく異なる。
脱国家的地域機構	欧州連合（EU）	特定の地域に属する国家で構成され、かつ、国家だけでなく地域に属する個人が機構の直接的運用者となるなど、国境を越えた概念・原則で運用される。	非常に高く、アクターとして国際平和活動を実施する。

出所：山田哲也『国際機構論入門』東京大学出版会、2018年、6ページ表0-1を参照し、筆者作成

鑑みたものである。国際組織を定義づけることは実は難しい。たとえば、①の「国家」というアクターについて、国際組織を設立・構成するのは国家のみと考える論者もいれば、国際NGOなど国家以外のアクターも国際組織の設立・構成主体とする考え方もある。国家が構成する国際組織を「国家間国際機構」（Inter-governmental Organizations: IGO）と区別する先行研究もある[3]。

　NGOを国際組織に含めるかどうかも議論になる。確かに、②④を満たすNGOは、国際関係で重要な存在になっている。しかし、本書では、国際組織を通して実施される国際平和活動の設置、展開、終了などを決定する主体が国家であることに鑑み、NGOは国際組織に含めない。ただし、NGOは国際組織にとって現場でともに活動するパートナーとなることも多い。③についても、例えば欧州安全保障協力機構（OSCE）のように明確な設立条約を持たない組織もある。そのため、この定義は、あくまでも他のアクターとの峻別を目的として、国際組織の特徴を示すことが目的である。

　このような定義のうち、①に焦点を当てるとすれば、国際組織が多国間枠組みを体現するものである点を強調することができよう。それでは、多国間枠組みとしての国際組織は、国際平和活動にどのようにかかわるのだろうか？この点について、次に国際組織の「アクター」としての側面と、「フォーラム」としての側面に着目してみよう。国際組織研究は、国際関係において国際組織がみせるこの2つの顔をめぐって展開してきたといっても過言ではない。

1.2.　アクターとフォーラム

　わたしたちは、国際組織について議論する際、「国連は十分に機能しているか」「EUがどのように欧州の難民問題を取り扱っているか」といった問いを立てることが少なくない。しかし、そもそも、「国連」「EU」とは誰だろうか？

　アクター（行為主体）とは、actorという字のとおり、国際関係において「役者」である。他者や自らが身を置く環境に対し、何らかの影響、インパクトを与える存在である。リアリズムにおいては主権国家こそがアクターとされ、国際関係はパワー（力、権力）の行使をめぐる闘争で構成されると考えられた。そのため、国家間の協調を前提とする国際組織の果たす役割については限定的な評価がなされてきた。

　これに対し、国家間の協調や制度に着目するリベラリズムにおいて、国際組織は、国家が互いに調整、交渉する場、つまり「フォーラム」として機能しうると考えられてきた。辞書で forum を引いてみると、「古代ローマの公会広場」「公共討論の場」とある。国際組織もまた、国家、NGO、企業、地域コミュニティなど様々なアクターが集まる「場」としての機能を担っている。

　国際組織研究では、国際組織がもつアクターとしての側面と、フォーラムとしての側面が、どのような場面で、いかに表出するか、そして、それらはいかなるアクターの意図によるものか、といったことを研究する。さらに、国際組織がアクターとしての顔を見せる場面であっても、それが当該国際組織の具体的にどの部分か、ということが検討課題である。たとえば、「国連」と一言にいっても、それが安全保障理事会（安保理）を指すのか、総会をさすのか、事務局を指すのか、それとも、UNDP のような機関のことを論じているのかを明確にしなければ、その作用や機能を分析することはできない。

2．国際平和活動と国際組織

　ここまで、国際組織そのものについて理解することに努めた。それでは、国際組織研究は国際平和活動についてどのように研究してきたのだろうか。

2.1．国際法学

　国際組織研究においては、国際法的アプローチが主流であった。日本においてその傾向はとくに顕著である。古くは、田畑茂二郎、横田喜三郎といった国際法学者による研究を基盤とした。横田洋三およびその門下を中心とした国際機構論のテキストは、日本の国際機構論の授業・研究において長きにわたり基礎テキストとなってきた。そのような中、国際平和活動に関連の深い研究としては、まず、PKO を国際法の観点から包括的に考察した香西茂の『国連の平和維持活動』(1991) が挙げられる[4]。日本で実質的に最初となる PKO 研究の単著であり、主に冷戦期の PKO を検討の中心としながらも、冷戦後の展望を示している。国際法学の観点から国際平和活動を研究することは、国連憲章をはじめとする国際社会の法規範と、PKO など現実の実行との関係性を問うこと

である。その成果として、国際平和活動の法的基盤が明らかとなる。また、絶え間なく変容する国際環境で実施される諸活動のダイナミズムを法的に規定することの難しさも浮き彫りにしてきた。さらに、アクター間協力に関していえば、国際平和活動を実施する上で諸アクターが依拠する法の機能と役割を分析している。

2.2.　国際政治学・国際関係論

　国際政治学・国際関係論のアプローチでは、国際秩序形成・維持において主に国家がいかなる動機に基づいて国際組織を設立し、いかに活用するかが研究されてきた。国際平和活動は、諸国家の協調と対立が表出する事象として分析されている。アクター間協力がいかなる条件下で、どのように成立するかはそのプロセスと位置づけられる。

　古くは、カント（Immanuel Kant）が『永遠平和のために』（1795）において諸国家により構成される組織を取り上げた[5]。また、戦間期の著名な国際政治学者である、E・H・カー（Edward Hallett Carr）が、『危機の20年』（1939）でリアリズムとユートピアニズムの相克を論じる中で国際組織を取り上げている[6]。日本では、高坂が『国際政治―恐怖と希望』（1966）で国連の検討に1つの章を割いている[7]。国際関係を分析するにあたり、国際組織は学術的に重要な関心事であった。

　なかでも、国際組織を研究するうえで必読とされるイニス・クロード（Inis L. Claude Jr.）は、国連創設10年後に出版した *Swards into Plowshares*（1956）で、19世紀以降の国際組織に関する分析を踏まえ、国連のもつ3つの顔、すなわち、we, they, it としての国連像を示した。国際関係論において国連という国際組織が加盟国にどのように認識され「使われるか」というフォーラムの側面だけでなく、国連がアクターとして国際政治に関与する可能性について論じたのである[8]。続く1962年の著書では国連の集団安全保障体制を論じた[9]。

　ウィース（Thomas G. Weiss）や、カーンとミングスト（Karen A. Mingst and Margaret P. Karns）によるテキストのように、版を重ねるテキストもある[10]。これらの改訂のプロセスを通して、テロリズムなどのイシューや、地域機構に関する記述を増やすなど、国連がアクターとして取り組む課題、国連にかかわる

アクターの変遷を垣間見ることができる。

　国際平和活動に焦点を当てると、人道的介入やデモクラティック・ピース論といった国際政治学のイシューについて、国際平和活動を通して分析した研究が多くみられる。特に、パリス（Roland Paris）は、民主化と国際平和活動との関係性を、ベラミー（Alex J. Bellamy）は保護する責任（Responsibility to Protect: R 2P）と国際平和活動との関係性を分析している[11]。石塚は日本において国際政治学の観点からPKOを分析してきた研究者の一人である。PKOの初期を支えたアイルランドのPKO参加を詳細に研究するとともに、国際組織としての国連と加盟国との関係性に着目した[13]。

　さらに、ドイル（Michael W. Doyle）とサンバニス（Nicholas Sambabis）、久保田、田辺のように[14]、国際関係論における計量分析を国際平和活動に適用した研究からは、個別の事例を超えた俯瞰的観点からの考察結果を得ることができる。アメリカの国際関係論（IR）において、計量分析・統計が必須となっている現状を反映した傾向ということもできよう。

2.3.　回顧録・オーラルヒストリーと国際平和活動

　国際法学・国際政治学・国際関係論がけん引している国際組織研究においては、国際平和活動の実態を把握し分析することが課題である。それに対し、実務家の経験は、分析アプローチとはいえないものの、一定の蓄積がある。国際組織の実務家の経験をオーラルヒストリーや回顧録として文字化することは、国際法学・国際政治学・国際関係論だけでなく、歴史研究をはじめとする諸研究アプローチに示唆を与える。

　例えば、緒方は国連難民高等弁務官として冷戦後の世界各地で難民支援に奔走した10年間を回顧録や聞き書きをもとに克明に記している[15]。緒方はもともと満州事変とリットン調査団に関する研究で博士号を取得し、上智大学で教鞭をとっていた研究者でもある。このような学術的観点が緒方の高等弁務官としての職務を支えたということもできよう。

　国連高官の回顧録は、歴代国連事務総長をはじめ多く出版されている[16]。その中で、冷戦後の激動する国際関係のただなかにあったガリ（Boutros Boutros-Ghali）第 6 代国連事務総長、国連史上初めて国連職員出身者として事務総長に

なり、ガリ時代には PKO 局長を務めたアナン（Kofi A. Annan）第 7 代国連事務総長の回顧録が挙げられる。[17]

　国際平和活動に焦点を当てると、特に 3 人の実務家の経験と考察が役立つ。一つは、国連事務次長を務めたアークハート（Brian Urquhart）による *A Life in Peace and War*（1991）である。[18] より重要であるのが、アークハートの後任、かつ、アナン事務総長の前任者グールディング（Marrack Goulding）の *Peacemonger*（2003）である。[19] 両者とも PKO、調停、仲介といった国連の紛争解決に携わった。アークハートはハマーショルドなど冷戦期の歴代事務総長の下で、グールディングは冷戦末期から1990年代半ばの国連の取り組みの中枢にいたといえるだろう。中でも、グールディングは実に率直に国連の可能性と限界をイギリス外交官の視点で論じている。

　これら実務家の回顧録の中で、ゲエノ（Jean-Marie Guéhenno）の *Fog of Peace* は、自身が2000年代の事務次長として PKO にかかわった経験をもとにしつつも、18世紀以降の国際紛争を論じている。[20]

　植木の『国際連合—その役割と機能』（2018）は、このような潮流にあって、国連という国際組織を実務家としての観点からもっとも学術的に考察することを企図したものである。[21] 植木自身、まえがきで「国連は抽象的な概念ではない」と強調する通り、現場の目と学術的考察との架橋をいかに行うかが国際組織研究の長年の課題であった。

　国際連合を実務家の観点から体系的に論じた明石は、国連職員となった日本人の先駆者の一人であり、国連カンボジア暫定統治機構（UNTAC）や国連保護軍（UNPROFOR）の事務総長特別代表として現場の指揮にあたった。彼の著書は、国際公務員として実務を通して目の当たりにした国際政治の展開を『国際連合—軌跡と展望』（2006）に記し、国際組織が決して「絵に描いた餅」のような静的な存在ではないことを示した。[22] また、『カンボジア PKO 日記—1991.12-1993.4』（2017）では、カンボジア PKO の UNTAC 事務総長特別代表時代の日記を公開した。注目すべきは、国連という国際組織からみた PKO と日本政府の PKO 認識のずれが克明に描かれていることである。

　オーラルヒストリーや回顧録は、分析アプローチというよりは、分析アプローチにおいて活用される素材、といった方がよいだろう。実務家自身が研究

を行う事例も少なくないが、経験談はあくまでも個人的な記録であり、かならずしも合理性や客観性を前提としない。その意味で、オーラルヒストリーや回顧録を分析で活用するうえでは、本人の記述・発言の意図や背景を精査し相対化したりクロスチェックしたりすることが肝要である。

3．国際平和活動をめぐる研究の最前線 ―「国連研究」を超えて

　それでは、国際組織研究からみた国際平和活動分析の最前線はどのようなものだろうか？豊富に蓄積されてきた先行研究は、特に日本において、いわゆる「国連研究」と同義であった。国際組織を総論することが困難とはいえ、EUを除けば、地域機構や専門的国際機構に関する研究の層は必ずしも厚くない。EUに関しても、必ずしも国際組織としての研究が豊富であるわけでない。むしろ、欧州統合、統合論として研究されてきた。このような、特に日本における国連偏重ともいえる国際組織研究に新しい潮流が生まれている。

3.1．歴史としての国際組織、国際平和活動

　まず挙げられるのは、歴史的観点から国際組織を問いなおす研究である。国際平和活動も国際秩序形成の歴史においてだれがいつ、どのような意図をもって実施したのかが焦点となる。そもそも、国際組織が国際政治の展開から生まれるという特性を考えれば、国際組織が各時代のいかなる国際関係を背景として誕生したのか、国際組織の諸活動が国際関係の展開にいかなるインパクトを与えたのか、といった観点は必須である。

　国際組織は、国際秩序を形成・維持するために必要な実務・活動を行うアクターおよびフォーラムとして、国連以前から様々な形で国際関係に表れてきた。19世紀前半から半ばにかけて、ヨーロッパのライン川、ドナウ川流域国は、これらの国際河川を共同で管理することを目的として、国際河川委員会を設立した。具体的には、船舶の往来や通行規則の管理を取り扱った。また、特定の行政分野に関する国際組織も設立された。万国郵便連合（1874年）や万国電信連合（1865年）はその例である。いずれも、国境をまたぐ経済活動で生じる課題に対処すること、共通の基準・規則設定、関係国間の調整などを担っ

た。これらは、国家間の調整を行うことにより、紛争を避ける意義を持っていた。しかし、ヨーロッパに限られた平和であった。

　国際組織は、戦争と平和によって形成されてきたといっても過言ではない。ウィーン会議とハーグ平和会議は、多国間協議に基づく利害の調整と均衡・安定の追求を目指した。1920年、国際連盟が第一次世界大戦後にアメリカ大統領ウィルソン（Thomas Woodrow Wilson）の提唱により設立された。史上初めて、国際平和の追求を第一義的目的とし、加盟国の多様性、取り扱うイシューの普遍性を特徴とする普遍的国際組織が成立した。

　国際秩序形成史において、国際連盟の登場は集団的安全保障の概念を導入したという点で画期の一つといえる。篠原、帯谷による国際連盟の分析は、国際平和の追求において加盟国が国際連盟を設立した動態[23]や、紛争への対処における国際連盟を通した国際的・地域的取り組みを[24]、一次資料に依拠し明らかにした。

　第二次世界大戦後の1945年に設立された国連に関し、国際平和活動を歴史的アプローチで考察した良質な研究が近年刊行されている。例えば、三須拓也はコンゴに展開したPKO（ONUC）をめぐる国連事務局と加盟国の緊張関係を膨大な一次史料をもとに解き明かした[25]。サルトン（Helman T. Salton）は、1980年代終わりから1990年代初めにかけてのPKOや国連による和平活動を担った国連事務局の高官グールディングに焦点を当て、国際関係の激変の中で国連が紛争解決に取り組んだ様態を考察している[26]。どちらも、歴史研究の手法を用いて国際平和活動を分析する昨今の研究動向の先駆けとなっている。

3.2.　「国際社会の組織化」とディシプリンの架橋

　「国際社会の組織化」を論じる上で、国際法学と国際政治学・国際関係論との架橋に取り組む研究は、国際秩序を多角的に検証し、国際平和活動の多義性を明らかにするうえで不可欠な作業である。山田は『国際機構論入門』（2018）において、国際法学的アプローチを基盤としつつ、機能主義やグローバル・ガバナンス論といった国際政治学の理論に依拠した国際組織分析を行っている[27]。同じく山田の『国連が創る秩序』（2010）は、国際連盟による信託統治から国連の暫定統治へといたるプロセスを分析している。国際組織を通じた国際平和

活動、特に国家建設との関係性を、国際法学の観点から歴史的に考察してい
る[28]。

　篠田は、政治思想史の観点から、国際レベルの立憲主義の実現と平和構築、
国際平和活動の関連性を分析してきた[29]。特に、「平和構築」概念の展開の思想
的背景を明らかにした『平和構築と法の支配』（2003）は、ともすると平和構
築において実務的経験や政策的有用性に焦点が当たる中で置き去りにされがち
な思想の系譜を明らかにした点で重要である。五十嵐の人道主義の歴史的系譜
を明らかにした研究もまた、国際平和活動をいかなる思想・概念が支えてきた
のかを考えるうえで必読だろう[30]。

　さらに、オーテセール（Séverine Autesserre）は、人類学・民俗学の手法をも
とに、国際組織を通じた国際平和活動において介入側と非介入側との接触にま
つわる軋轢を明らかにした[31]。

　他方、紛争研究・紛争解決研究の観点から国際平和活動を分析した研究は、
日本国内ではいまだ少ない。上杉は紛争解決学のアプローチから PKO の発展
過程を考察したが、このような研究は国際平和活動における国際組織の機能と
役割を相対化するうえでも不可欠な観点である[32]。

3.3.　国際組織同士の関係

　国際組織間の関係についても徐々に研究が進んでいる。個々の国際組織の機
能を検討するだけでなく、国際組織同士が、協力、緊張など、いかなる関係性
を構築しているかに焦点を当てるものである。

　たとえば、アフリカの国際組織の状況をみてみよう。図5-1のとおり、ア
フリカには準地域機構（Sub-Regional Organizations）として機能する様々な地域
経済共同体（RECs）があり、重層システムを構成している。アフリカの国家
も、普遍的国際機構である国連、地域全体を包摂する AU だけでなく、いず
れか、あるいは複数の準地域機構に加盟していることがわかる。このようなア
フリカにおける国際平和活動について、国連と地域機構の関係、また、AU に
よるミッション派遣について検討が行われている[33]。

　欧州に関しても、北大西洋条約機構（NATO）は国連や EU、OSCE とのパー
トナーシップについて下記の通り説明している。欧州の国際組織に関する研究

図 5 - 1　アフリカの地域経済共同体（RECs）

アフリカでは、地域統合に向けた動きが進んでおり、現在、AU が承認するものとしては 8 つの地域共同体が存在する。

CEN-SAD
（サヘル・サハラ諸国国家共同体）
28 か国加盟

COMESA
（東南部アフリカ市場共同体）
19 か国加盟

EAC
（東アフリカ共同体）
6 か国加盟

ECCAS
（中部アフリカ諸国経済共同体）
11 か国加盟

ECOWAS
（西アフリカ諸国経済共同体）
15 か国加盟

IGAD
（政府間開発機構）
8 か国加盟

AMU
（アラブ・マグレブ連合）
5 か国加盟

SADC
（南部アフリカ開発共同体）
15 か国加盟

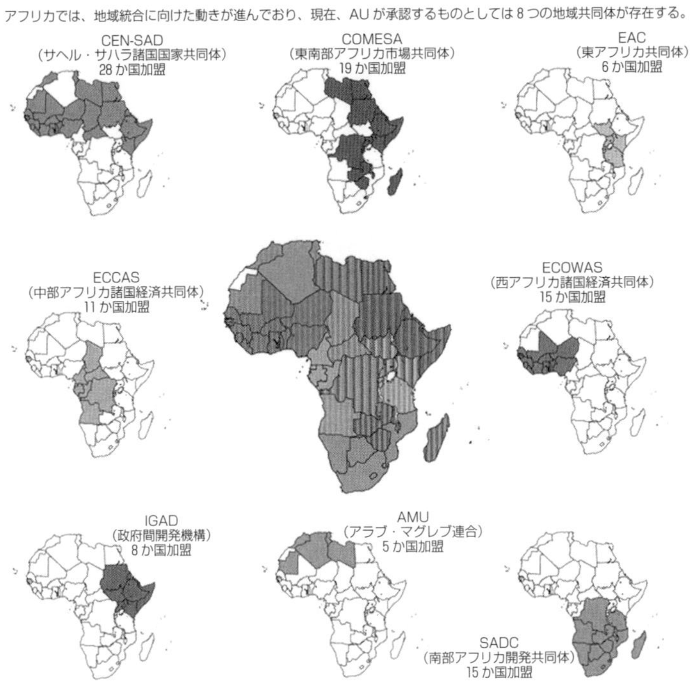

出所：『外交青書2017』第 2 章第 7 節「アフリカ地域経済共同体（RECs）」

　の特徴として、EU に関してはそもそもこれが「国際組織」といえるのか、といった点から始まる。EU 研究において、EU は欧州統合プロセスを検証する素材として扱われてきた。欧州議会が地域レベルの選挙を経て議員を選出すること、EU で成立した法律が国境を超えて効力を持つこと、EU として共通の外交・防衛・経済政策を策定していることなどに鑑みれば、確かに国家間で形成される国際組織とは一線を画す存在である。むしろ、国際組織でありつつ、その特徴を凌駕する性質を備えた組織体ということができる。

　国際組織としての EU を自覚的に論じた数少ない研究を行っている庄司は、『国際機構』（2006）において、以下のように論じている。[34]

図5-2　欧州の地域機構

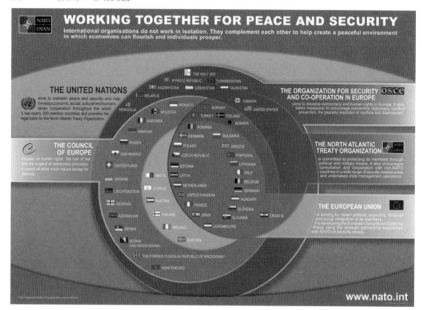

出所：NATO, "Working together for peace and security"（https://www.nato.int/cps/en/natohq/topics_82719.htm）.

　少なくともわが国では，国連をはじめとする国際機構の研究者はEUについてあまり知らない，逆に，EUの研究者は国連等についてよくわからない，という状況にある（もちろん例外に属する先生方もおられる）．国連とEUは，普遍的機構か地域的機構か，政府間機構か超国家的機構かなどの点で相違があるものの，たとえば開発援助，環境，平和維持活動など，現実の活動においては協力関係にある．

　これらはいずれも、各国家がグローバル、リージョナル、ナショナルなレベルで発生する課題に取り組む際、国際組織をフォーラムとして活用している様態を示している。

　国際平和活動に関して国連、地域機構の相互関係を考察した研究として、山下の研究を挙げることができよう。[35]1990年代以降の国際平和活動の展開を、国連だけでなく地域機構の役割にも着目しながら論じている。

3.4. 国際組織の加盟国と国際平和活動

　国際組織の意思決定を行う加盟国と国際平和活動との関係性についてはどのような研究があるだろうか。PKO に関して整理すると、1990年代以降のミッションへの参加をめぐって政策の是非を問う研究が進められている。たとえば、ドーソン（Grant Dawson）は、カナダのソマリア PKO 参加について、カナダ政府の想定していたマンデート（職務権限）と現場とのずれを指摘している。[36)]

　日本に関しては、村上による外交史の観点から日本の国連政策と PKO 参加の分析や、[37)]国際平和活動と日本の国際平和協力政策の関係性についての考察、[38)]本書の前身ともいえる包括的アプローチ分析の先行研究が挙げられよう。[39)]

4．南スーダンの複合的危機と国際組織

　それでは、国際組織は南スーダンにどのように関与してきただろうか。

　1990年代以降、PKO が展開する紛争国・紛争地域で人道危機が苛烈化するとともに、紛争後の国家再建をも含むマンデートが多岐にわたって付与されるようになった。そこで、国連では、2000年代以降、より包括的な取り組みとして平和活動の概念が提唱された。国連内で人道、平和維持、平和構築、開発部門がより密接にかかわりあうこととなった。また、国連と地域機構・準地域機構、人道支援団体といった組織単位での外部アクターとの接点も大幅に増加した。これらはいずれも、概念枠組みレベルと、現場でのオペレーショナルなレベル双方で展開した。

　現在、国連平和活動で重点化する内容として、政治的活動の重視と、国連外のアクター、特に地域機構との「パートナーシップ強化」が打ち出されている。[40)]政治的活動の重視とパートナーシップ強化は、2017年 9 月の PKO 改革に関するハイレベル会合の成果である安保理決議でも強調された点である。[41)]

　2011年 7 月 9 日の南スーダン独立に伴い、PKO は、北部・南部スーダンに展開していた国連スーダンミッション（UNMIS）から、国連南スーダン共和国ミッション（UNMISS）へと移行した。[42)]

　独立を果たした南スーダンで UNMISS が当初優先していたマンデートは国家建設であった。それが大きく変わる契機となったのが、2013年12月のキール

大統領派とマシャール第一副大統領派との間の武力衝突である（第2章を参照）。この衝突により、大量の国内避難民が発生し、その多くが国連施設に保護を求めて駆け込んだ。国連は、史上初めて、文民保護サイト（Protection of Civilians: PoC サイト）の設置を決定し、国内避難民の保護にあたることにした。

　2016年2月には、北東部マラカルの PoC サイトが武装勢力から攻撃を受けた[43]。東アフリカの準地域機構である政府間開発機構（IGAD）などによる仲介により、2016年4月には南スーダンに暫定政府が成立したものの、7月には再び首都ジュバで武力衝突が起こった[44]。その際は、現地住民だけでなく、国連の文民職員も攻撃の対象となった。このような武力衝突起因の人道危機に加え、2014年以降、首都ジュバを中心にコレラが流行するなど、南スーダンは複合的人道危機に陥った。

5．南スーダンにおける国連の「統合アプローチ」とアクター間協力

　本節では、国際組織研究からみた国際平和活動の論点として、国連の「統合アプローチ（Integrated Mission Approach）」が UNMISS にどのように適用されたのか考察したい。「統合アプローチ」は、PKO の設置・展開をより多面的かつ実質的に行うことを目的として、1990年代以降、国連事務局主導で発展した。「統合ミッション」と呼ばれる PKO も増加した。先行研究では、「統合アプローチ」が国連平和活動のより統合的実施を志向する中で、紛争地の人道支援に焦点を当てるようになったこと、人道支援活動（従事者）にとっては、それにより中立・公平性原則や人道スペースを脅かされる懸念が生じたことなどが指摘されている[45]。

5.1. 国連の「統合アプローチ」の変遷とアクター間協力

　冷戦後の PKO は、国家建設・再建まで担うことにより複合化するとともに、積極的な(robust)対応を求められるようになった。そのような中、国連「統合アプローチ」が具体的に提唱されたのは、アナン国連事務総長が1997年に公表した報告書「国連の再生―改革に向けたプログラム」である[46]。この段階では、主にフィールドにおける統合に重点が置かれた。事務総長は、事務総長特別代

表（SRSG）が、軍事、文民部門だけでなく、常駐調整官（Resident Coordinator: RC）、人道調整官（Humanitarian Coordinator: HC）をも統括することを提唱した。

　2000年には、国連事務局本部における組織内統合について、「ブラヒミ・レポート」（2000年）が統合ミッションタスクフォース（Integrated Missions Task Force: IMTF）の設置を提唱した。IMTF を通して、平和維持活動局や政治局だけでなく、国連内の様々な組織が関与しながら PKO の設置および展開支援を行うことになった。フィールドでの統合は、同年に事務総長が「事務総長特別代表、RC、HC の関係に関する指針に関する覚書」でいわゆる「トリプルハット・アプローチ」を提唱したことで、それまで以上に平和維持・人道・開発部門の相互関連性を深める方針が採用された。トリプルハット・アプローチとは、原則として各ミッションに 2 名任命される副事務総長特別代表（DSRSG）のうち、1 名が RC と HC を兼務するというものである。

　ここまでの国連「統合アプローチ」形成のプロセスからわかることは、国連の「統合アプローチ」が 2 つの課題に対処すべく改定を重ねられたことである。すなわち、PKO の複合化に伴ってマンデートが多岐にわたり、フィールドでのアクター間調整が必要になったこと、PKO が展開する紛争地における人道危機の苛烈化に伴い、平和維持と人道支援の架橋が急務になった。これらについて、国連は事務局本部レベル、フィールドレベル双方でアクター間関係の強化を図った。

　2000年代後半以降、国連平和活動における「統合アプローチ」は 2 つの方向性でアクター間協力を強化した。まず、2006年に公表された「統合ミッション計画プロセスに関する指針」は、統合ミッション計画プロセス（Integrated Missions Planning Process: IMPP）を提唱した。IMPP では、国連の平和維持活動局、政治局、平和構築支援事務所などが中心的役割を果たしつつも、ミッションの立案段階から展開、活動の終了までの一連のプロセスに、国連内の関連諸機関が関与することが想定された[48]。

　さらに、2008年、潘基文国連事務総長の政策委員会が、PKO ミッションと国連カントリー・チーム（UNCT）との統合を打ち出した。UNCT は開発分野を中心として現地に中・長期的に関与する。国連事務局本部による立案を土台とし、安保理決議で設置され、期限付きで現地に展開する国連ミッションと

は、紛争国・地域にかかわる際のタイムスパンが異なる。PKO ミッションと
UNCT のように、組織として平和活動に関与するアクター間の協力について
も目配りがされた格好である。おりしも、国連では2000年代終盤から2010年代
初頭にかけて、平和活動に関する見直しが行われていた。「キャップストーン・
ドクトリン」(2008)、「ニューホライズンペーパー」(2010) といった国際平和
活動の指針でも、活動がより長期的視座に立ち、統合した形で実施される必要
性が指摘されていた。

　もう一つのアクター間協力の潮流が、平和維持と人道アクター、開発アク
ター間の関係構築と棲み分けである。先行研究は、国連が「統合アプローチ」
を採用したことにより、人道アクターの活動スペースが縮小したり、人道支援
活動の中立・公平原則が損なわれたりするという批判が、国連内外から生じた
ことを指摘している。[49]特に、上野は、国連事務局、特に事務総長や平和維持活
動局、政治局による平和維持中心の「統合アプローチ」に対し人道アクターが
懐疑的な認識を持っていたこと、新沼は2011年以降の OCHA が国連全体の統
合促進の動きに対し人道ジレンマを解消すべく、独自のアプローチを提示した
経緯を考察した。PKO の積極化は、現地の人道危機と文民保護に対処すべく
進展したが、「統合アプローチ」という観点からいえば、平和維持と人道支援
との緊張関係を生んだ。

　このような経緯を踏まえ、2013年に公表されたのが IMPP に代わる「統合
評価・計画指針（Integrated Assessment and Planning: IAP)」[50]である。平和維持
と人道支援の関係性は、紛争の状態や現地社会の特徴など各ケースの実情に応
じて多様であることを強調しており、人道アクターの懸念を払しょくする狙い
があった。[51]

　さらに、「HIPPO レポート」[52]も、持続的な平和の達成を追求するうえで取り
組むべき課題として国連平和活動における統合を挙げている (para.30)。レポー
トは、国連平和活動に 7 つの「赤字」があるとし、「戦略的な立案・調整・統合」
を挙げた (para.138)。統合が十分に進まない原因の一つとして挙げられている
のが、国連諸機関ごとに異なる財政システム(funding system)である。さらに、
レポートは PKO ミッションの立案・評価・業務遂行において適切な分業 (joint
United Nations assessments, integrated planning and an agreed division of labour) や、

平和構築部門および開発グループと PKO ミッションとの連携も必要と強調している（para.340）。

　上記の提言からは、国連「統合アプローチ」を進める上で、多様なアクターが関与する際の財政的・業務上の役割分担が途上であることがうかがえる。「統合アプローチ」では、平和維持活動局、政治局といった事務局本部内の各部局はもちろんのこと、UNDP、国連児童基金（UNICEF）などの補助機関（エージェンシー）も主要なアクターである。両者の間では、まず、予算の出所が異なる（事務局は加盟国からの通常予算等により賄われるのに対し、エージェンシーはそれぞれがドナーを持つ）。それに関連して、報告や説明責任を果たす相手、決定・決裁ラインも別である（国連事務局内の最終的な報告は事務総長に対して行われる）。このように、国際平和活動を統合的に実施するうえで、予算とアカウンタビリティーの源泉が関連アクターによって異なるということが根本的な障壁になっている。

　予算とレポートラインの相違は、国連事務局、エージェンシー、ひいては国連システム全体の構造にかかわる、より根本的な課題である。短期的に変更できるわけではなく、必ずしもすべて統合すればよいということではない。しかし、少なくともこのような相違は、いかなるアクターが国連平和活動や「統合アプローチ」の内容・方針を左右しうるのか理解するうえで重要なポイントである。

　また、そもそも国連平和活動の「統合」を検証する際、「ミッション全体が十分に統合されているか」という問いよりも、「ミッションのいかなるマンデート、クラスターについて、どのようなアクター間で、どの程度統合が進展しているか」という問いの立て方が必要との指摘もある。法の支配など比較的統合が進展しているクラスターがある一方、文民保護はまさに平和維持と人道支援活動の接点となることから、アクター間関係が協力や調整を超えて統合のレベルまで達すること自体、賛否両論なのである。[53]

5.2.　南スーダンにおける国連の「統合アプローチ」とアクター間協力

　UNMISS は、東ティモール（国連東ティモール統合ミッション：UNMIT）やマリ（国際連合マリ多元統合安定化ミッション：MINUSMA）のように名前に「統合」

を冠しており、マンデートは多岐に及ぶ上、文民保護を当初から任務とする多機能・ラバストなミッションである。2000年代初頭より、シエラレオネ、リベリア、ハイチ、アフガニスタンといった諸事例で国連の「統合アプローチ」が徐々に適用されてきた。しかし、各ミッションで平和維持と人道部門との連携

図 5 - 3　人道アクターと UNMISS の関係

SECTION III: ANNEXES

Annex 1: Coordination structure[18]

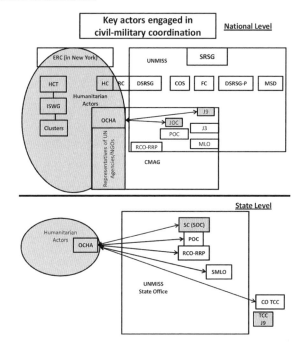

---

[18] OCHA is the designated focal point for the mission's engagement with humanitarian actors, at the national as well as state levels. This should not discourage other humanitarian actors contacting UNMISS personnel as required.

出所：UN OCHA, "Guidelines for the Coordination between Humanitarian Actors and the United Nations Mission in South Sudan," Humanitarian Country Team, 6 December 2013.

は容易でなく、アフガニスタンのように人道アクター側が国連「統合アプローチ」に参加することを拒むようなケースもあった。UNMISS が設置された2011年は、このような経緯を背景として、国連事務局、各エージェンシー、国連加盟国政府、NGO など諸アクターが国連「統合アプローチ」の在りようを模索していた時期といえる。UNMISS の主要マンデートが国づくりから文民保護へ変更する中で、「統合アプローチ」はどのような特徴をもつのだろうか。

　複合的危機の中にあって、UNMISS はマンデートの多様さから「典型的な統合ミッション」といわれる。[54] 関与するアクターも開発、人道、平和維持、政治部門から集まる多様な構成である。UNMISS はトリプルハット・アプローチならぬフォーハット・アプローチが採用された。SRSG、2 名の DSRSG（うち 1 名が RC と HC を兼務）、そして UNDP の常駐代表が任命された。

　平和維持と人道の架橋は、特に2013年12月の武力衝突以降、いっそう困難になった。OCHA は、2013年に公表したガイドラインで人道支援と PKO ミッションとの棲み分けを提案した（図 5-3 参照）。2013年12月、2016年 7 月の武力衝突を経て、南スーダンの事例は今後の他のミッション立案にも影響を与えると考えられる。

おわりに — 国際平和活動をめぐるアクター間協力と国際組織

　国際組織研究は、それが国際法、国際政治学、歴史学などいずれのアプローチであっても、国家をはじめとする諸アクターが、国家間で形成される組織体を通して、国際平和の追求プロセスをいかに制度化してきたか、を問うてきた。本書の主題である国際平和活動は、まさにそれが具現化されたものである。国家が、いかなる場合に、なぜ、どのように人的・物的・金銭的資源の提供と政治的意思を国際平和活動に提供するのか？国際組織は加盟国をはじめとする諸アクターの利害の衝突を調整するフォーラムとして機能するとともに、加盟国が求める（あるいは避けたがる）実践と概念形成を担うアクターでもある。

　国際組織を通して国際関係を分析する際にもっとも重要であるのは、国際組織の「どこ」を分析対象としているのか、常に自覚的であることだ。例えば、「国連」なるものは実は非常にあいまいな存在である。安保理を指しているの

か、総会を想定して論じているのか、事務局のことを分析しているのか、あるいは（特定の）加盟国のことなのか？また、国際組織の決定・活動はいかなるアクター間の協力あるいは利害衝突の結果なのか？

　国際平和活動の分析において、国際組織に着目することは、諸アクター、中でも国家が自ら形成・維持する国際組織という制度を通して国際平和活動の根拠や資源配分をどのように行っているか、明らかにする助けになる。他方、その組織をとりまく国際環境や構造を踏まえなければ、国際組織がすぐれて国際政治の歴史的産物であることから、国際平和活動の意義や問題点をあいまいにしてしまう危険性もある。国際平和活動の研究は、研究アプローチとしての国際組織研究が持つ特性と課題を問うことでもある。

　また、南スーダンの事例分析に鑑みると、現在の国連「統合アプローチ」の課題としては、特にアクター間協力に着目した場合、３点を挙げることができよう。

　第一に、国連「統合アプローチ」を促進するうえでは、関与するアクター間で、①予算と、②決裁・説明責任の経路とが異なっていることが障壁となっている。特に、国連事務局本部の各部局とエージェンシーとの間で、この２点をめぐる違いが浮き彫りになっている。

　第二に、平和維持と人道支援との架橋は、南スーダンの事例を経て、より一層困難になっている。PKO ミッションが文民保護を最優先すればするほど、人道アクターの活動スペースと中立・公平原則とのジレンマは深まる。すでに先行研究で指摘されてきた課題が、南スーダンの事例でより鮮明になったということができるだろう。昨今、人道アクターが武力紛争下で攻撃対象となる傾向が非常に顕著になっている。これは、人道支援の持つ政治性を紛争当事者が強く認識していることを示している。

　そして第三に、国連「統合アプローチ」の射程は、現段階では国連組織内、特に事務局本部内である。国連と他の組織、特に AU といった地域機構との統合はまだまだ進んでいない。しかし、「HIPPO レポート」が国連と他組織のパートナーシップ強化をうたっていることに鑑みれば、国連内の統合を進めるだけでは不十分である。この点は2017年９月の安保理における PKO 改革に関するハイレベル会合でも指摘された。

　国連「統合アプローチ」は、国際平和活動にかかわる国連内のアクター間協力をミッションの立案・実施・評価において、少なくとも部分的に促進する制度として機能した。しかし、常に概念構築と実施・運用との間にギャップが生じている。両者をいかにすり合わせるかをめぐって、国連「統合アプローチ」の改定が今後も進むであろう。

推奨図書

1．Helman T. Salton, *Dangerous Diplomacy: Bureaucracy, Power Politics, and the Role of the UN Secretariat in Rwanda,* Oxford: Oxford Univ Press, 2017.

　　国連事務局に焦点を当て、ルワンダ内戦に対する国連の対応を検証している。グールディングの一次資料をもとに詳細に分析した。

2．Hikaru Yamashita, *Evolving Patterns of Peacekeeping: International Cooperation at Work,* Boulder: Lynne Rienner, 2017.

　　1990年代以降の国際平和活動の展開を、国連だけでなく地域機構の役割にも着目しながら論じている。

3．長谷川祐弘『国連平和構築―紛争のない世界を築くために何が必要か』日本評論社、2018年。

　　1990年代以降の国連による平和構築を安全保障と開発両側面から考察している。

4．篠田英朗『平和構築入門―その思想と方法を問い直す』筑摩書房、2013年。

　　国連をはじめとする様々なアクターによる取り組みを取り上げつつ、国際平和活動の根底にある思想・概念をわかりやすく論じている。

5．山田哲也『国際機構論入門』東京大学出版会、2018年。

　　国際組織研究における国際法・国際政治学・国際関係史の架橋を目指した、コンパクトながら重厚な入門書。地域機構に関する記述も多い。

●ディスカッションポイント

確認問題

▶国際平和活動における国際組織の機能と役割を分析するうえで、どのような研究アプローチをとることができるだろうか？

発展問題

▶国際平和活動を実施するうえで、国際組織同士はどのような場合にいかなる方法で協力・連携・協働することができるだろうか？

▶国連が南スーダンの複合的人道危機に対処するうえで、どのような方針・政策をとる必要があっただろうか。また、それらはいかなる国際組織にも普遍的に当てはまるだろうか？それとも、国連の特質に応じて変化するだろうか？

1）国際組織研究は、International Organizations のことであり、「国際機構論」と訳されることも多い。ただ、本章でも述べる通り、特に日本では、国際法的アプローチを基盤とした研究を指すことが多い。そのため、本稿では、それらを基盤としつつも、より国際政治学的・歴史的視座を重視する観点から、国際組織研究と称する。

2）山田哲也『国際機構論入門』東京大学出版会、2018年、5頁。

3）最上敏樹『国際機構論講義』岩波書店、2016年。

4）香西茂『国連の平和維持活動』有斐閣、1991年。

5）エマニュエル・カント著・池内紀訳『永遠平和のために』集英社（復刻版）、2015年。

6）E・H・カーの研究における国際秩序と国際組織の分析については、山中仁美『戦間期国際政治とE.H.カー』岩波書店、2017年；山中仁美著、佐々木雄太ほか訳『戦争と戦争のはざまで：E・H・カーと世界大戦』ナカニシヤ出版、2017年に詳しい。

7）高坂正堯『国際政治―恐怖と希望』中公新書、1966年、121-176頁。

8）Inis Clude Jr., *Swards into Plowshares: The Problems and Progress of International Organization,* New York: Random House, 1956.

9）Inis L. Claude Jr., *Power and International Relations,* New York: Random House, 1962. 彼は第二次世界大戦で米陸軍兵士としてヨーロッパ戦線に出兵している。

10）Thomas G. Weiss et al., *The United Nations and Changing World Politics*（8th ed), London: Routledge, 2016; Karen A. Mingst, Margaret P. Karns and Alynna J. Lyon, *The United Nations in the 21st Century*（5th ed), London: Routledge, 2018.

11）Roland Paris, *At War's End: Building Peace after Civil Conflict,* Cambridge: Cambridge University Press, 2004.

12）Alex J. Bellamy and Edward C. Luck, *The Responsibility to Protect: From Promise to Practice,* Cambridge: Polity, 2018.

13）石塚勝美『国連PKOと国際政治―理論と実践』創文社、2011年。

14）Michael W. Doyle and Nicholas Sambanis, *Making War, Building Peace: United Nations Peace Operations,* Princeton: Princeton University Press, 2006；久保田徳仁「国連平和維持活動への要員提供と政治体制、犠牲者敏感性—Lebovic の Heckman Selection Model の適用・拡張を通じて—」『防衛学研究』第38号、2008年、89-106頁；田辺亮「国連 PKO への人的資源の提供に関する考察：1985-1995年と1996年-2008年の比較」『国連研究』17号、2016年、179-203頁。

15）緒方貞子『紛争と難民—緒方貞子の回想』集英社、2006年；野林健・納家政嗣編『聞き書　緒方貞子回顧録』岩波書店、2015年など。

16）例えば、田仁揆『国連事務総長—世界で最も不可能な仕事』中央公論新社、2019年。

17）Boutros Boutros-Ghali, *Unvanquished: A U.S. - U.N. Saga,* New York: Random House, 1999: Kofi Annan with Nader Mousavisadeh, *Interventions: A Life in War and Peace,* London: Penguin, 2013（コフィ・アナン、ネイダー・ムザヴィザドゥ著、白戸純訳『介入のとき—コフィ・アナン回顧録』上下巻、岩波書店、2016年）.

18）Brian Urquhart, *A Life in Peace and War,* New York: W. W. Norton and Company, Inc, 1991（ブライアン・アークハート著、中村恭一訳『炎と砂の中で—PKO（国連平和維持活動）に生きたわが人生』毎日新聞社、1991年）.

19）Marrack Goulding, *Peacemonger,* Baltimore: Johns Hopkins University Press, 2003（マラック・グールディング著、幡ú 新大実訳『国連の平和外交』東信堂、2005年）.

20）Jean-Marie Guéhenno, *The Fog of Peace: A Memoir of International Peacekeeping in the 21st Century,* Brookings Institution Press, 2015（ジャン＝マリー・ゲーノ著、庭田よう子訳『避けられたかもしれない戦争—21世紀の紛争と平和』東洋経済新報社、2017年）.

21）植木安弘『国際連合—その役割と機能』日本評論社、2018年。

22）明石康『国際連合—軌跡と展望』岩波新書、2006年。

23）篠原初枝『国際連盟—世界平和への夢と挫折』中央公論新社、2010年。

24）帯谷俊輔『国際連盟—国際機構の普遍性と地域性』東京大学出版会、2019年。

25）三須拓也『コンゴ動乱と国際連合の危機：米国と国連の協働介入史、1960〜1963年』ミネルヴァ書房、2017年。

26）Helman T. Salton, *Dangerous Diplomacy: Bureaucracy, Power Politics, and the Role of the UN Secretariat in Rwanda,* Oxford: Oxford University Press, 2017.

27）山田、前掲書。

28）山田哲也『国連が創る秩序—領域管理と国際組織法』東京大学出版会、2010年。

29）篠田英朗『平和構築と法の支配—国際平和活動の理論的・機能的分析』創文社、2003年。

30）五十嵐正道『支配する人道主義—植民地統治から平和構築まで』岩波書店、2016年。

31）Séverine Autesserre, *Peaceland: Conflict Resolution and the Everyday Politics of International Intervention,* Cambridge: Cambridge University Press, 2014.

32）上杉勇司『変わりゆく国連 PKO と紛争解決』明石書店、2006年。

33）例えば、Paul D. Williams, *Fighting for Peace in Somalia: A History and Analysis of the African Union Mission (AMISOM), 2007-2017,* Oxford: Oxford University Press, 2018；山口正大「アフリカの集団安全保障における地域機構の役割，発展と特徴——ソマリアとマリの事例から」『国際政治』193号、2018年9月、157-172頁；井上実佳「アフ

リカの安全保障と国連―国連平和維持活動（PKO）における地域機構との関係を中心に」『国連研究』12号、2012年、17-40頁などを参照。

34）庄司克宏『国際機構』岩波書店、2006年、iv頁。

35）Hikaru Yamashita, *Evolving Patterns of Peacekeeping: International Cooperation at Work,* Boulder: Lynne Rienner, July 2017.

36）Grant Dawson, *Here is Hell: Canada's Engagement in Somalia,* Vancouver: University of British Columbia Press, 2007.

37）村上友章「吉田路線と PKO 参加問題」『国際政治』151号、2008年3月、121-139頁。

38）上杉勇司・藤重博美編『国際平和協力入門』ミネルヴァ書房、2018年。

39）山本慎一・川口智恵・田中（坂部）有佳子編著『国際平和活動における包括的アプローチ―日本型協力システムの形成過程―』内外出版、2012年。

40）UN Doc. A/70/357-S/2015/682, 2 September 2015（The future of United Nations peace operations: implementation of the recommendations of the High-level Independent Panel on Peace Operations Report of the Secretary-General; *HIPPO Report* hereafter）.

41）UN Doc. S/RES/2378, 20 September, 2017.

42）南北スーダンの間に位置するアビエにも国連アビエ暫定治安部隊（UNISFA）が展開している。しかし、これは油田地帯の帰属などをめぐって南北スーダン両国の緊張が紛争に発展することを防ぐための活動である。

43）この襲撃については、国境なき医師団（MSF）が2016年3月に公表した報告書に詳しい。Medecins sans Frontieres, "MSF internal review of the February 2016 attack on the Malakal Protection of Civilians Site and the post-event situation," June 2016を参照。

44）栗本英世・越川和彦・宮島昭夫・東大作「紛争地域での平和構築を考える―南スーダンの経験から」『外交』Vol.44、2017年7‐8月、100-101頁。

45）国連「統合アプローチ」と人道支援に関する代表的な先行研究としては、上野友也「国連の『統合アプローチ』と人道的利益―統合がもたらす分断の危機」『法学』（東北大学）第76巻6号、2013年3月、76-104頁；新沼剛「国連『統合アプローチ』における人道活動の課題」『日本赤十字秋田看護大学紀要・日本赤十字秋田短期大学紀要』第20号、2015年、35-40頁を参照。

46）UN Doc. A/51/950, 14 July 1997（"Renewing the United Nations: A Programme for Reform"）.

47）2005年の事務総長報告で提案され、国連安保理・総会が共同で設置した平和構築委員会（Peacebuilding Commission: PBC）の事務所。平和構築委員会は、平和構築をより包括的・統合的に実施すべく、そのフォーカル・ポイントとして機能することが想定された。

48）平井礼子「PKO なう！第83回 国連ミッションにおける統合化の流れと人道支援調整」内閣府国際平和協力事務局本部（http://www.pko.go.jp/pko_j/organization/researcher/atpkonow/article083.html）。

49）上野、前掲論文、29-31頁；新沼、前掲論文、37-38頁を参照。

50）UN Doc. "Policy on Integrated Assessment and Planning," （https://undg.org/wp-content/uploads/2016/10/UN-Policy-on-Integrated-Assessment-and-Planning_FINAL_9-April-2013.pdf）.

51）新沼、前掲論文。

52) *HIPPO Report.*

53) 8月30日から9月5日にかけて実施した国連事務局におけるインタビューに基づく。

54) UN Tribune, "South Sudan's Expulsion of UN Official Brings Controversial Integrated Approach into Focus," June 12, 2015 (http://untribune.com/south-sudan-expulsion-of-un-official-brings-controversial-integrated-approach-into-focus/).

【井上実佳】

第6章　国際平和活動と政策研究

はじめに

　国際平和活動は高度に政治的なだけでなく、実際に紛争影響地を支援するため、国境を越えて行われる「政策（policy）」である。そのため、国際平和活動を観察、分析することを通じて、何らかの政策的示唆を導こうという意図を持つ研究が多いことは当然といえるであろう。第3章から第5章で述べられたように法学、政治学、国際組織研究は、それぞれの学問的関心から国際平和活動を分析し、その結果が国家や国際組織が実施する国際平和活動の改善に資することを念頭におく。これらと比較すると「政策研究（policy studies）」は、まず国際平和活動を「政策」として捉え、その改善を研究の第一義的な目的として行う研究アプローチである[1]。そのため、国際平和活動の「政策」としての輪郭を明らかにした上で、政策内容のみならず、政策の決定、実施、改善のためのフィードバックに関わる制度も研究の対象とし、その改善を検討することを念頭に置いている。国際平和活動が、国家や国際組織といった公的性格をもつ主体により実施される「政策」である以上、その政策としての側面を看過した議論には一定の限界がある。国際平和活動を取り巻く状況がますます複雑になり、説明責任の所在がわかりにくくなっている現状を認識すると、その政策としての輪郭を明確化し、政策を実施する者の責任を明らかにした上で、その改善案の提示を目指す政策研究には少なくない価値があるだろう。政策研究の視点から、国際平和活動はどのような「政策」として整理できるのであろうか。政策研究という研究アプローチを使って、国際平和活動の研究を行うとは具体的にどのような作業を経るのであろうか。そして、政策研究を用いるメリットや限界はどこにあるのだろうか。これらの問いに答えるため本章では、まず第1節で、政策研究とは何か、その基本的な特徴について説明する。第2節では、政策研究の主な枠組みとなる政策の構成要素と政策プロセスについて説明

する。第3節では、政策研究の立場から、国際平和活動を第2節の説明にそっ
て検討し、政策研究の可能性と限界を示す。第4節では、日本による南スーダ
ンへの自衛隊派遣を契機とした国際平和活動を事例として取り上げ、政策研究
から国際平和活動にアプローチする一例を提示する。

1.　政策研究とは何か

　産業構造や技術革命、グローバル化による大量かつ迅速な人、モノ、カネ、
そして情報の移動などにより、現代の社会問題は高度に複雑なものとなってい
る。その結果、政府が提供する問題の処方箋には、複雑な問題を解決しうる高
い技術や革新的アイディアが求められるようになっている。さらに、政策の失
敗を避け、実効性を高めるためには、経験的観察に基づくエビデンスをベース
とした政策立案や評価を行うことが必要であるとの認識が高まっている。これ
は国際平和活動をめぐる状況についても同様である。「政策研究」と呼ばれる
研究領域は、このように現代社会が直面する複雑な問題によりよい解決策を提
供しようとする極めて実学的かつ規範的な学問であるといえよう[2]。

1.1.　政策研究の基本的特徴

　政策研究は、個別の政策の内容、政策決定、実施、フィードバックといった
一連のプロセスに存在する制度を研究するだけでなく、これらをより良いもの
にするという目的を持っている。また政策研究は、政策の責任者だけでなく、
市民を含む政策にかかわる幅広い人々に政策への関心、参画を促したり、より
良い政策システムや政策案が採用されるよう啓蒙したりする活動も含んでい
る。こうした目的意識の下で行われる学問として、政策研究はおのずと「処方
的」かつ「規範的」な特徴を持つことになる[3]。処方的特徴は、諸科学の手法や
知識を使いながら分析し、その結果を単なる分析に留めておくことなく政策改
善に貢献させることを目指すという政策研究の重要な目的意識に見られるもの
であり、「政策志向性（policy orientation）」とも呼ばれる。規範的であるという
特徴は、政策研究が政策改善を提示する際に行う公共性／公共益の判断から生
じる。ある政策を実施する上での公共益を判断する基準は常に中立的であり得

ず、時代と共に変化しうる。また、政策責任者が持つ価値が反映される場合も
あろう。政策過程は利害調整のプロセスであり、常にすべての利害関係者の利
益をかなえることは不可能である。また、不安定な利害調整の産物である政策
のアウトプットの成否を判断するような、完全な客観性をもった判断基準を持
つことは不可能に近い。しかし、処方箋の提示を目的とする限り、政策研究
は、政策が持つ公共性やその結果がもたらす公共益の解釈をその作業に内包す
る。こうした政策がもつ特徴を分析の内容に含めることが、政策研究の基本的
特徴であるといえよう。

1.2.　「政策」とは何か

　ここまで政策研究の重要な分析単位である「政策」について、詳細な説明を
することなしに述べてきた。一般的に「政策」とは、公共政策であり、社会に
存在する諸問題を政府、もしくは何らかの政治的合議制が中心となって、どの
ように問題解決するかを決定したものが、具体的に示されたものと捉えること
ができる。決定された政策の下には、施策（program）、事業（project）という
下位構造が存在する。政策研究でいう「政策」とは、これらの構造を含めた広
義の政策であるといってよい。狭義の政策とは、施策や事業と切り離され、特
定の課題を解決する方向性や指針を示す文書のみを指す。施策は、広義の政策
で示された方針を実現するため、より具体的な目標や対策を示す。そして事業
は、施策で示された具体的な目標や対策を実現するための具体的な活動であ
る。事業は、施策を実現するためにあり、施策は政策を実現するためにあると
いう階層的な構造にあり、この構造によって最も上位に存在する政策目標を達
成するという仕組みになっている。

2.　政策研究の枠組み

2.1.　政策の構成要素

　政策プロセスを分析する際に重要なのは、政策の構成要素を明らかにするこ
とである。それがすなわち研究対象とする政策の輪郭を把握することにつなが
る。政策の構成要素とは、誰が（政策主体）、誰に（受益者）、何を（サービス、

公共財）、いかなる方法で（手段）、誰の負担で（財源）行うかといった項目から成ると考えられる[4]。国内政策の場合、政策主体は、常に政府や行政である場合を念頭に置いているが、政策研究が取り上げる政策は、日本という国家の政策、東京都という地方自治体の政策だけでなく、国連のような国際組織や多国間政府の話し合いで決められた国際公共政策も含む。国際公共政策の場合、国内の政策と異なり、政策の構成要素は国境を越えた広がりを持ち、政策主体として国際組織、加盟国、政策の受入国の相互作用が発生する。資金の流れは、加盟国→国際組織→受入国などといった形で、より複雑になることが想定される。

　下記で詳細を述べる政策決定プロセスの研究の場合は、政府高官、高級官僚の政策決定に関わるエリート、もしくはより上位の抽象的概念として政府や安保理を政策主体と捉えるが、政策実施プロセスの研究の場合は、施策・事業の実施に関わる「実施主体（implementation actor）」の間、もしくは実施主体と受益者との間の相互作用が分析の対象となる。

2.2.　政策プロセス

　政策研究の一つの枠組みは、政策が形成、決定、実施、終了後に評価され、フィードバックすることで政策改善が促されるという一連の流れを「政策プロセス」と捉えるものである（図6-1）。この考え方は、政策プロセスを単線的なものではなく、サイクルとして捉えている。政策評価を次の政策改善向けての出発点と捉えて、これが次の政策へフィードバックされることを認識し、これに意義を見出すのである。フィードバックを政策プロセスに含めるとき、それが新しい政策に反映され、新たな政策プロセスが生じると考えられる。

2.2.1.　政策決定プロセスの研究

　政策プロセスの中でも、政策が決定されるプロセスに焦点を合わせた研究は、政治学における政策過程論や意思決定論と非常に近い。政策過程論は、政策の内容よりも、異なる利害関係を持つ政策アクターが、どのような制度の下で、どのような相互作用をした結果、政策が形成され、対立、妥協、協力を導くのかといった行動パターンや意思決定の構造を反復可能な一般的法則として導出することに関心を持つ。その結果、決定するところまでを研究射程にする

ことが多い。政策研究の場合には、意思決定だけでなく、政策の内容や政策実施の段階にも関心を持つ。その上で、政策決定および実施プロセスにおけるアクター間の相互作用、透明性や公平性とアウトプットとしての政策の効果と公共性の関係といった分析を行い、その分析を政策改善につなげることとなる。また、政策過程論や意思決定論は、政策決定プロセスにおける政治的制約に重きをおくが、政策研究は政治的制約のみならず制度的・技術的制約に重きを置くだろう。なぜならば、政策研究の観点から、より具体的改善を提案しうるのは客観的存在である後者だからである。図 6 - 1 の白抜きで示している部分が、政策決定プロセスの研究による大まかな研究範囲となるだろう。

2.2.2.　政策実施プロセスの研究

　政策実施は、政策プロセスの中で最も重要な段階であるといえる。したがって、政策研究においては、政策実施も重要な研究領域となる。政策実施に焦点をあてた研究の基本的な関心は、まず「誰が誰に対して政策実施を担い、どのような活動を行うのか」というものである。そして次に、「どのような政策実施（プロセス）であれば、望ましい政策結果が生じるのか」という政策実施とその結果の因果関係を問うこととなる。政策実施プロセスで重要なのは、政策実施者と受益者を含む利害関係者の相互作用である。本書では、第 1 章で述べられたように国際平和活動を実施する政策実施者として国家と国際組織を研究の対象としており、それぞれの内部での相互作用に研究の対象を絞っているが、政策実施の研究課題としては、これら政策実施者と国際平和活動の受入国の相互作用が重要であるといえよう。[5) さらなる関心として、結果を分析評価し、「どのような政策改善が必要なのか、可能であるのか」を問いフィードバックにつなげることも研究の対象になるだろう。右の図 6 - 1 では、政策実施プロセスの研究範囲を、網掛けで示してある。

　決定された政策は、政策実施の段階で、更に詳細な目標を伴う計画（プログラム）になり、これを実施する事業（プロジェクト）はより詳細で、状況変化に合わせて変更されることもあるだろう。誰が、どのようなスケジュールで、誰をカウンターパートとして、どのくらいの予算で、どのように進めるのかは、実際のプログラム、プロジェクトの策定段階で現状に合わせて定められていく。つまり、政策実施プロセスは、政策決定過程に比べて、変化に富み、柔軟

図6-1 政策プロセス

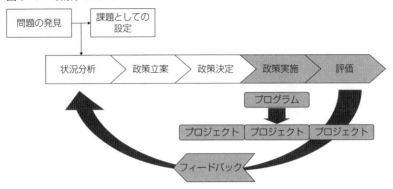

網掛け無し：政策決定プロセスの研究
網掛け有り：政策実施プロセスの研究

出所：筆者作成

で、アドホックな側面を持つといってよいだろう。

3．国際平和活動を政策研究からみる

　本節では、国際平和活動という政策分野における「政策の構成要素」や「政策プロセス」について具体的に説明し、その特殊性を理解し、政策研究の視点からみた国際平和活動の輪郭を示す。

3.1．3つの政策プロセスが相互作用して生み出される国際平和活動

　国際平和活動は、国際レベルの国際公共政策、そして国家レベルの国家の政策、中でも安全保障や外交、援助に関わる対外政策、加えて、国際平和活動を受け入れる国家の側の受入政策が、政策決定プロセスにおいて相互作用して生み出される。つまり、国際平和活動という「政策」は3つの異なる政策決定プロセスのアプトプットであり、政策の「現場」である受入国で実施される具体的な政策手段（施策・事業）を含むものと考えられる（図6-2）。そして、その「現場」における政策実施プロセスにおいては、様々な政策主体（政策実施主体）の相互作用が生じるのである。

図6-2　3つの政策プロセスの結果としての国際平和活動

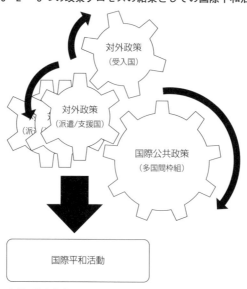

出所：筆者作成

3.2. 国際平和活動の政策プロセスにおける構成要素

　国際平和活動が、国連、地域機構など多国間による国際公共政策、様々な国家の対外政策、そして受入国の受入政策の交錯結果であるならば、国際平和活動にかかわる政策プロセス、政策の構成要素は何だろうか。本書でいう国際平和活動は、国連平和維持活動（PKO）以外の活動も対象としているが、政策プロセスが制度化されている PKO の派遣の事例を例に、できるだけ3つの政策に留意しながら第1節で説明した政策の構成要素をみてみよう。

3.2.1. 目　的

　PKO の派遣が必要とされるのは、主に紛争影響下の国家や地域に治安維持、人道支援、復旧・復興支援といった中立的な第三者による支援が必要な場合である。放置しておけば、それが当事国だけではなく国際の平和と安全の脅威となる事態があるとの認識を前提に、PKO によって紛争後の移行期を支えるという解決策が検討され、安保理で決議される。個々の活動によって個別の具体的目的を持つが、治安確保、和平プロセスの下支え、文民の保護

(Protection of Civilian: PoC) などが、近年設置されてきた PKO の主な活動目的である。この場合、国際公共政策が追求する国際公共益は、PKO 派遣を通じて受入国に安定をもたらし、「国際の平和と安全」を確保することである。派遣国の対外政策が追求する国益は、「国際の平和と安全」を通じた自国の平和と安全といえるだろうし、その他にも国連外交におけるプレゼンス（存在感）を示すことや、政策決定に関わる政治家や省庁の政治的利益の反映、もしくは受入国に関心の高い国民の要請に答えることかもしれない。受入国の目的は、第一義的には自国の平和と安定であろうし、PKO の受入れをきっかけに国際社会からの支援を呼び込むことにあるかもしれない。このように、それぞれの政策における国際平和活動の政策目的は、「平和」という点で大きな一致をみるものの、様々な下位目的を伴うと考えるべきであろう。

3.2.2. 政策主体

　まず、国際公共政策としての PKO の政策主体と実施主体について考えてみよう。PKO を問題解決の手段として保有し、実施を決定し、実行する組織（もしくは個人）が政策主体であると考えられる。PKO は国連憲章には記載がないが、国連の政策文書において、国際の平和と安全に対する国連の問題解決手段として明示されている。国連には2つの国連があり、その一つは加盟国の総体、政治的合議体であるという側面と、事務局が担う行政機関としての側面である。安保理という加盟国の一部による政治諮問機関は、国連の平和と安全に関する政策を安保理決議として決定する。そして、事務局（主に政治局、平和維持活動局であったが、国連改革による組織改編によって平和活動局、政治・平和構築局が担当となった。詳細は、第3章を参考のこと。）は、この決定を国際平和活動の現場で実行していくために具体的な施策・事業の立案、履行、評価を行っていく。従って、国連事務局は、PKO の政策決定プロセスおよび実施プロセスに関わる政策主体といえよう。また、PKO の設置の決定に関わる安保理メンバー加盟国は決定にかかわる政策主体であるといえるし、政策実施プロセスでは、PKO に資金や要員を提供する加盟国が、政策主体といえよう。

　次に、国家の対外政策としての PKO の政策主体は誰だと考えることができるだろうか。PKO の派遣が安保理で決定される場合、軍事要員もしくは警察要員を提供することが加盟国に求められる。国によって、要員提供の手続き内

容は異なるが、政府や議会の承認を必要とすることも少なくない。したがって政策決定プロセスにおいては政府や議会、関連省庁が政策主体となり、政策立案と実施に至っては、各国の関係省庁（国ごとに事情は異なるが）、外交部門や防衛部門などが政策実施プロセスにかかわる政策主体であるといえよう。

　国際社会による国際平和活動を共に推し進めていく受入国、主に中央政府は、受入政策の主体であるといえよう。

3.2.3.　受益者

　それでは、PKO の受益者は誰であろうか。従来、複合的危機の被災者コミュニティや被災者自身は、政策の対象であり、国際社会による援助の受け手（受益者）である。他方で、彼らこそがまさに、紛争後の復旧・復興、平和構築という社会問題に取り組む主体（エージェントともいう）であるという捉え方が提示されるようになってきた。つまり、被災者や受益者は、政策主体でもあるという考え方である。また、PKO が国際の平和と安全の脅威を問題意識として、国際平和という公共財に資する活動と考えられていることに鑑みると、世界の人々が皆、等しく受益者だと考えることができよう。

3.2.4.　サービス、公共財、手段

　PKO が提供するサービス、公共財とは何だろうか。事業として考えると、安全保障面では、軍事部門により治安維持、武装解除・動員解除、地雷除去といった活動が行われる。政治面では、政治部によって、選挙支援、和平交渉支援、憲法改正支援といったサービスが行われる。また、警察部門は警察組織の改革や犯罪取り締まり、パトロールといったサービスを提供する。他にも、道路、水道など設備の復旧が即効事業（Quick Impact Project: QIP）として行われることもある。これらは、安全・治安、民主的な手続き、公的インフラストラクチャーという公共財の提供を目指しているものであり、政策目標を達成するための具体的な手段といえる。PKO の場合、国連の活動へ派遣国が資源を提供するという形を取っているため、現地での公共財の提供においては、国際公共政策としての PKO と対外政策としての PKO の手段が一致する。受入国が、PKO を受入れるために行う作業を手段と捉えると、国連とどのような地位協定を結ぶか、宿営地の提供など、PKO を受入れるために行う様々な準備が相当すると捉えられよう。

3.2.5.　財　源

　こうしたサービスは、加盟国が提供した警察・軍事要員と国際公務員である文民要員によって行われ、彼らの給料は加盟国の拠出金で負担されている。PKOが行うサービスの経費は、加盟国による拠出金で賄われているため、サービスのコストを負担しているのは加盟国であり、加盟国の納税者ということができよう。

3.3.　国際平和活動の政策プロセス

　図6-1で示した政策プロセスを、政策としての国際平和活動に当てはめた場合、どのような政策プロセスがみえてくるのだろうか。下記では、国際平和活動の政策決定および政策実施プロセスについて検討する。

3.3.1.　国際平和活動の政策決定プロセス

　まず、その決定プロセスを具体的に考えてみよう。国連の安全保障理事会（以下、安保理）には、国連憲章に基づき国際の平和と安全を守るため、これに対する脅威を認定し、具体的措置を決定する。その中でPKOなどの平和活動（Peace Operations）を設置するという政策決定（決議）が下されると、関連の国連事務局がこの政策決定を実行するための計画立案、要員確保、予算の要求などを行う。ニューヨーク本部での調整だけでなく、PKOを派遣する国の政府との調整も行われる。もちろん、脅威認定や設置決議の決定プロセスには、加盟国特に理事国の思惑が反映され、重要な安全保障上の問題が安保理の議題として取り上げられることが阻止されたり、脅威認定に反対する理事国が存在したりする場合も存し、具体的な措置に至ることが出来ない場合も少なくない。[6)]

　国連加盟国は、要員を提供できるか、装備を提供できるか、資金提供できるかなど、加盟国としてどのようにPKO派遣という政策決定に貢献できるか、具体的な政策実施（施策・事業）のための資源や方法について、国連事務局とともに調整することとなる。脅威認定をしてPKOを派遣するようなケースでは、PKOの他に和平プロセスの政治支援、人道支援や復旧・復興支援も行われるため、加盟国は各自の外交政策の優先順位に従って、国連を通じてどのような支援を行うのか、独自に二国間の枠組みではどのような資金援助や技術協

力を行うのかなど具体的な支援を計画、実施することとなる。その場合、部隊派遣を行う加盟国国内では、外交部門と防衛部門の調整が行われる。また、外交、防衛、人道、開発部門との間での調整もあり得るだろう。活動の中身については、例えば停戦監視を行うのか、インフラ復旧作業を行うのか、文民保護のための武力行使かなど、各国が差し出す要員の能力と活動内容が検討されるだろう。つまり、政策実現のための財源や資源を、加盟国の対外政策決定プロセスにおいて考慮するのである。このプロセスで加盟国は、国連（安保理や事務局）や他の加盟国と協力することとなる。つまり、国連を政策決定のフォーラムとした国際公共政策と加盟国の対外政策との間で政策プロセスの交錯が生じるのである。

　この交錯において、国際公共益を追求する国際公共政策と国益を追求する対外政策との間には、公共益をめぐるジレンマが生じる。それは、国際平和活動の「政策性」を認識するほどに顕著となる。国際公共政策の実施は、加盟国による貢献を前提としたもので、つまり加盟国の納税者が負担するものであるが、加盟国の納税者に対する利益の還元よりも、紛争影響国の政府や人々の利益を目的としており、対外政策の公共益について国益と紛争影響国の利益の２つの側面から納税者の理解を得る必要がある。加盟国の施策主体は、国際平和活動から得られる公共益について、国益の観点から説明せねばならないが、同時に国際公共益を重視する立場からの参画でなければ国際的な評価を失うという困難に直面するからである。[7]

　一方で、受入国は、まずはPKOを受け入れるか否か、受け入れる場合にはどの部隊をどこに配置させることが望ましいのか、また必要な活動は何か、どれくらいの期間受け入れるのか、逆に外部の機関が行うことが好ましくない活動についても検討するであろう。例えば、武装勢力の武装・動員解除、国軍・警察などの治安部門の改革、選挙、避難民の帰還といった政治的にセンシティブな活動に関する調整は、受入国内の各種政治勢力間の調整に困難を極めることが予想され、派遣活動のマンデート（職務権限）との間の調整も重要かつ容易ではないものになることが想定される。受入れる支援が大きければ大きいほど、受入国の受入れ能力が低ければ低いほど、受入国の望む復興や国家再建が難しくなることや、そのことが政府と人々との信頼関係を損ねる場合もあるた

め、国際平和活動の「受援政策」⁸⁾は、介入よりも困難な側面があるといえるだろう。

3.3.2.　国際平和活動の政策実施プロセス

　政策実施主体は誰か。国内政策であれば、決定された政策は、中央省庁やその出先機関、もしくは国から実施を付託された都道府県や市町村が政策実施主体となる。これらの政策実施主体から、事業を委託された民間の機関が最終的な事業の実施者になる場合もあるだろう。一方、国際平和活動では、政策実施主体は多様である。たとえば、PKOの一つで南スーダンに派遣された国連南スーダン共和国ミッション（United Nations Mission in the Republic of South Sudan: UNMISS）の設置決議（S/RES/1996）には、南スーダン政府、国連カントリー・チーム、世界銀行を含む二国間および多国間機関と協力することを要請しており、治安部門改革といったUNMISSに課されたマンデートをこれらのアクターと協力して実施するとされている（詳細は第5章を参照）。すなわち、こうした様々な政策主体が存在し、政策実施の段階で協力することが、政策の中ですでに想定されているのである。国内政策と同様に、最終的な事業は、国際組織や支援国から委託されたNGOや現地の行政機関らを通じて実施される場合が少なくない。政策がこうした事業実施のフローを当初から意図し、最終的な事業の実施主体に対する資源配分も考慮している場合には、長い政策プロセスを念頭において、政策実施主体は誰かを考えるべきであろう。

　次に、どのような活動を行うのかについて考えてみよう。決定された政策は曖昧なものであり、政策実施の段階で、更に詳細な目標を伴う計画（プログラム）および事業（プロジェクト）として、現状に合わせて定められていく場合が少なくないことについては既に述べた。例えば、先のUNMISS設置決議には、UNMISSの治安部門改革にかかるマンデートとして、「実施のための戦略策定を支援する」としか書かれていない。これを実施していくためには、PKOの政治部門、軍事部門、警察部門に加え、国際組織や関心のある二国間援助機関が、政策実施主体（政府が実施する治安部門改革の支援者）として、軍事部門、警察部門の組織設計、雇用計画、人材育成のための訓練計画などを、技術的・資金的援助のプログラム・プロジェクトとして策定していく。もちろん、その過程では受入国政府の政党、国軍、警察などとの厳しい利害調整が生じ、

その都度、政策実施の内容は変更したり、滞ったりすることが予想される。政策決定の時点で示される文書の内容は、曖昧で妥協の産物である場合が少なくないし、受入国の事情にあわせて、また政情にあわせて柔軟に変更する必要がでてくる。PKO 設置決議も、一つひとつのマンデートはシンプルな内容で詳細を定めているわけではなく、全体として包括的内容を示しており、それを実施していく段階で具体化されていくのである。

3.3.3.　モニタリング・評価とフィードバック

　加えて、政策実施プロセスの重要な段階としてモニタリング・評価（Monitoring and Evaluation: M&E）がある。PKO のモニタリング・評価は、国連事務局の評価チーム（Department of Evaluation Team: DPET）によって行われている。評価チームは、内部監査サービス局の検査評価部門、平和活動局（Department of Peace Operations: DPO）の平和維持戦略パートナーシップ局と緊密に連携して評価を行う。DPET は、DPO と活動支援局（Department of Operational Support: DOS）と共に構成する統合チームに、必要であれば外部のコンサルタントや他の部局の専門家を加えて行われる。評価結果は、ミッションを管理する本部と現地のミッションに問題改善と更なる能力強化を念頭にフィードバックされると同時に、軍事要員や警察要員を派遣する国家や、加盟国、立法機関にも報告される。[9]　もう一つ重要なフィードバック機能として、現地のミッションからの安保理に対する定期的な現状説明が挙げられるだろう。

　他方、PKO を含む国際平和活動を「平和の定着（peace consolidation）」という大きな目的の視点からをどう評価するかという課題について、国連事務局が作成した「平和の定着のモニタリング：ベンチマーキングに向けた国連実務者のガイド（Monitoring Peace Consolidation: United Nations Practitioners' Guide to Benchmarking)」がある。[10]　ベンチマーキングとは指標を用いることで、現状を客観的に把握し、事業改善を行う手法である。ガイドは、先の PKO のモニタリングのように国連の活動の効率性、有効性、関連する影響といった事業運営にかかる項目を評価することではなく、実務者がこの手法を用いて、平和活動の派遣当初から平和の定着の基準点を定め、その進捗状況を測り、修正するためのメカニズムを確立する方法が示されたものである。国際平和活動に関わる国連の本部および活動の現場で、PKO の派遣前から撤退、世銀の貧困削減戦

図6-3　国際平和活動における政策プロセスのイメージ

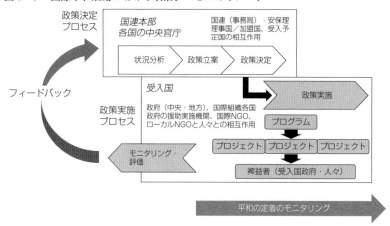

出所：筆者作成

略（Poverty Reduction Strategy Paper: PRSP）、紛争後ニーズ評価（Post-Conflict Needs Assessment: ACNA）、統合戦略枠組み（Integrated Strategic Framework: ISF）などの国連の計画策定時、もしくは国際的な取り決めを作成する際などに利用されることが想定されている。定められる平和の定着ベンチマークは、もちろん受入国ごとに異なるものであり、柔軟に改編されながら活用されるべきものである。このベンチマークは、受入国を含めた国連以外の政策主体にも共有されながら、政策実施主体や受入国政府の各種活動の進捗や優先順位を確認し合うプロセスで使用されることが想定されている。[11] 上記の図6-3は、第3節で述べた国際平和活動における政策プロセスのイメージを示したものである。

3.4.　政策研究による国際平和活動研究の可能性と限界

　このように政策研究の枠組みで、国際平和活動を検討していくと、国際平和活動という「政策」は、まさに国境を越えて、多様な政策主体の間の多元的な意思決定や資源の移動によって形作られ、実施される種種の施策・事業の集合体であることが理解できる。構成要素やプロセスの分析を通じて、図6-2で示したように様々な国際公共政策、国家の対外政策、受入国の受入政策の3つ

のプロセスが、相互作用し、その結果として国際平和活動が実施されていくことを確認でき、図6‐3の国際平和活動における政策プロセスのイメージを提示することが出来た。

　本節では、具体的事例としてPKOに関する政策プロセスを扱ったが、国際平和活動の中には和平プロセス支援、人道支援、復旧・復興支援（開発援助機関が実施することが多い）も含まれる。これらは、特に政策決定過程においてPKOとは異なる政策プロセスを持つが、平和の定着モニタリングガイドが示していたように、異なる政策分野の間で、ベンチマークを通じて互いに調整し合うことを通じて、平和の定着という高次の目的を目指していることに留意したい。

　政策プロセスが長く複雑で、多元的な意思決定、アクター、財源が関わる長い政策プロセスの結果であることは、政策の結果（アウトカム）に対する責任の所在を不明瞭にしがちである。政策改善を目的とする政策研究が、この膨大な国際平和活動から分析対象を「政策」として切り出し、その構成要素や政策プロセスを明らかにしていくことで、切り出した政策への責任の所在を明らかにし、政策改善を促すことが可能となる点は、政策研究がもつ優位性といえる。

　他方で、複雑かつ多種多様な活動として国際平和活動を認識すると、その全貌をつかむことや、国際平和活動全体の成果を評価することの難しさに気がつかされる。ある受入国に対する国際平和活動全体を対象に、全ての政策主体が実施する事業の内容とその結果を評価することは個人の研究者には不可能である。万が一、明らかにすることができたとしても、平和の定着には国際平和活動以外の様々な変数（例えば、国内政治要因）が考慮されるべきであり、事業実施結果の総体と受入国における平和の定着との間に、単純な相関関係を導きだそうとすることは妥当ではないだろう。個人の政策研究によって可能となるのは、国際公共政策、各国の対外政策、受入政策といった3つの政策プロセスの相互作用を意識しながら、3つの政策のうちの1つ（例えば、ある国家が特定の国際平和活動を実施する場合の政策プロセス）に着目する、もしくは国際公共政策とある国家の対外政策の相互作用に着目するなど、分析の範囲を絞り、限定的に分析することを通じて、国際平和活動の政策プロセスを部分的に解明し、そ

れぞれの政策主体が政策を改善するのための示唆を得ることであろう。

　政策研究が政策改善への貢献を掲げる時、大きなチャレンジではあるが、国際平和活動の総体を、適切かつ簡便に評価できる分析ツールの開発が研究者には求められる。その際には、他章で紹介された研究アプローチだけでなく、紛争原因にせまる紛争研究、その地域独自のコンテクストや人々の行動様式を教えてくれる地域研究、コラムでも紹介がある計量分析を用いた方法や社会・文化人類学といった研究アプローチとも協力する必要があるだろう。政策研究に関わる者には、学際的な取り組みの連結地点として、様々な政策知を参考に具体的な政策改善を提示していく努力が求められる。

4．対外政策としての国際平和活動の検討
― UNMISS の自衛隊部隊派遣を契機とした ODA-PKO 連携を事例として

　本節では、PKO の一つである UNMISS への自衛隊部隊派遣（2012-2017年）を契機とした日本の国際平和活動における外務省、JICA、防衛省自衛隊の協力「ODA-PKO 連携」を一つの政策と捉え、上記の政策研究の枠組みを具体的に理解することを目的とした考察を行う。協力の詳細に興味がある読者は、推奨図書を参照してほしい。

　まず、政策の構成要素を明らかにしよう。PKO に対する自衛隊部隊の派遣は、国連からの打診業務の検討、調査団の派遣、参加 5 原則など法律上の要件等の検討、政策的妥当性の検討などを経た後、実施計画を閣議決定することで行われる[12]。この政策決定プロセスにおいて重要な政策主体は政府であり、具体的には内閣（特に総理大臣、外務大臣および防衛大臣）、外務省、防衛省、内閣府の国際平和協力本部事務局である。政策実施プロセスの政策主体として国際平和活動の現場で活動するのは、外務省在外公館（2013年 7 月までは現地連絡事務所）、防衛省自衛隊派遣部隊（および現地支援調整所）、内閣府国際平和協力本部事務局連絡調整事務所、そして JICA 現地事務所である。

　UNMISS に対する自衛隊部隊派遣期間の日本の国際平和活動の特徴の一つは、外交、開発、防衛の英語の頭文字をとった 3 D、もしくは国内の政府アクター間の協力を意味する「全政府アプローチ」の実現である。日本固有の表現

としては、「オールジャパン」や「ODA-PKO 連携」などと呼ばれる日本版
３D、外務省、JICA、自衛隊 PKO 派遣部隊という３つの日本政府内の政策実
施主体の間の協力（ODA-PKO 連携と呼ばれる）にもとづく事業形成および実施
が行われたことである。事業レベルでいえば、日本大使館の草の根無償資金、
JICA の技術協力や無償資金協力、自衛隊 PKO 派遣部隊の重機や技術力を
様々な形で組み合わせる手法が採られた。例えば、南スーダンの首都である
ジュバ市内を南北に通るコミュニティ道路の復旧事業は、外務省草の根無償資
金協力を使用し、JICA の技術協力「ジュバ市持続的な道路維持管理能力強化
プロジェクト」を通じた道路・排水溝整備の基本計画の提供、そして自衛隊
PKO 派遣部隊の工事施工といった QIP の実施にかかる資金、技術、マンパ
ワーの組み合わせによる事業の立案から実施に至る協力である。[13]

　この事例に関係して生じる政策研究の関心は、例えば次の２つである。一つ
は、南スーダンへの自衛隊派遣期間に ODA-PKO 連携という手段がなぜ必要
とされたのか。つまり、どのような決定プロセスでこの手段を採ることになっ
たのかということである。もう一つは、このような政策手段と政策のアウトカ
ム（成果）との関係である。加えるならば、この事例はどのようにその後の日
本の国際平和活動にフィードバックされたのかも研究関心となるだろう。

　南スーダンにおける ODA-PKO 連携という手段が、どのような政策決定プ
ロセスを経たものであるかは、自衛隊部隊の PKO 派遣のように法制度化され
た決定プロセスと比べると捉えにくいものである。しかし、国際平和活動に関
連する政策文書（例えば2002年国際平和協力懇談会報告書、2010年防衛大綱、2011年
PKO あり方懇談会報告書）における省庁間協力への言及の研究[14]、東ティモールに
始まる自衛隊 PKO 派遣[15]やイラクにおける外務省と防衛省・自衛隊の連携と[16]
いった事例研究、および各省庁内での協力機運の高まりの指摘[17]を踏まえれば、
日本の国際平和活動の実践が政策レベルの文書に反映され、それが UNMISS
への自衛隊派遣の際に実践されたということはできる。意思決定論の研究には
適さない研究課題かもしないが、特徴的な政策手段が採られるようになった背
景を明らかにしようという作業は、その手段が適切なものであったのかを検討
する政策研究にとっては意味のある研究課題であるといえよう。

　次に、政策の目的とアウトカムの関係について検討しよう。独立後の自衛隊

派遣を含む南スーダンにおける日本の国際平和活動の目的は、南スーダンの国づくり（国家建設）支援をすることに置かれていた。より細かくみれば、日本政府の対南スーダン事業展開計画が[18]、インフラ整備・ガバナンス能力強化を国づくり支援の二本柱に掲げていることから、ナバリ地区道路整備や浄水場整地といったこの目的にかなう事業が、ODA-PKO連携によって行われたことは合目的であるといえる。花谷らは、2012年から2013年にかけて行われたODA-PKO連携事業について、受入国政府と日本に対する成果から分析している。受入国政府の視点からは、開発事業の一般的項目である妥当性、有効性、効率性から評価し、「『連携のための連携』ではなく、事業としての価値をもちえた」としている[19]。他方、PKO全般に対する世論調査や限られた報道をベースとした日本の視点からの評価では、証拠とするには心許ないが、一定の成果があったと結論づける。村上は、受入国と共に開発政策をとりまとめる国連カントリー・チームの立場から、PKOの軍事部門の開発関連事業への協力は基本的に想定されておらず、日本政府が自衛隊施設部隊の国づくり支援への貢献を宣伝することは出来ても、国連開発援助枠組み（UNDAF）に沿った評価や、PKOによる公式の事業成果として評価を得ることは難しいとの指摘を行っている[20]。元南スーダン大使の紀谷は、花谷らが紹介する事業が実施された時期とは異なる2015年4月からの任期の中で行ったODA-PKO連携には、事業連携だけでなく、国内外で広くメディアに取り上げられる広報効果、そして自衛隊によるUNMISSが分析した治安情報の共有による大使館やJICAの安全への効果があったとしている[21]。すなわち関係者らは、まずは開発事業の一環として、次に自衛隊派遣に対する国内外からの評価を高めた事業として、そして現地で活動する政策実施主体のコストを下げるものとして、「ODA-PKO連携による国際平和活動」を比較的肯定的に評価しているといえよう。第3節で触れたように、国際公益と国益の両方を追求するという国際平和活動は、この2つの公共益の間で時にジレンマを生じさせる。この事例では、特にUNMISSの部隊として派遣された自衛隊が、その枠外で活動することをどのように評価するかという点が問われている。前述の肯定的な評価の反面、今後の課題となっている。

　最後に、フィードバックについて考えてみよう。これまで紹介した本事例に

関する研究は全て、関係者が個人的に発表したものであり、組織的に行われた研究や評価ではない。今後の日本の国際平和活動の政策改善のために、フィードバックというプロセスを重視すると、日本の国際平和活動における ODA-PKO 連携を実施主体である政府が、自ら組織的に評価するような機会が設けられることが望まれる。

おわりに

　本章は、まず政策研究の基本的な特徴と枠組みの紹介を行い、政策研究の視点から国際平和活動を整理し、具体的にどのような事例研究ができるのかを南スーダンへの自衛隊派遣を契機とした日本の国際平和活動を通じて検討した。本章では、政策研究の範囲や分類について説明する十分な紙幅がなく、基本的な枠組みからのみその有効性を検討することになった。しかし、以下の 2 点について、政策研究の視点から国際平和活動を研究することの有用性を確認できたと考える。まず、国際平和活動を政策の構成要素に分解して認識することにより、国際平和活動という政策空間の複雑性と多元性を明確に認識できた。次に、循環的な政策プロセスの中で、政策決定および政策実施プロセスの 2 つの連関性を意識することにより、政策実施の特徴から政策決定プロセスの仕組みや背景を理解する契機が与えられることが認識された。

　最後に、補足として政策研究の手法について触れる。政策研究を行う上では、学術文献だけではなく、新聞、雑誌等の記事、白書等の政府刊行資料、そして大量の行政文書をあたり、その上実務者や関係者にインタビューを行わなければわからないことが少なくない。そのため、文献レビューといった机上の研究だけで行うことは難しい側面がある。しかし、インタビューをしても本当のことを答えてもらえるとは限らないことや、時間を経て政策主体の記憶が曖昧になっていること、記録の一部しか残っていないこともある。政策研究を行うには、こうした限界を踏まえつつ、様々な側面からデータを収集するスキルを磨くことが必要となろう。また、特に政策実施過程には、技術的かつ実務的な側面が多く、研究者自身が実務に飛び込んで参与観察することや、実務者と交流する機会をもつことが役に立つ場面が多い。こうした研究の技術を身につ

けた上で、研究結果が机上の空論ではなく、政策改善に生かされるように、その評価の基準、提言の名宛て人、資源の根拠を明確にするところにまで配慮が出来ることが望ましい。国際平和活動のような複雑性と多元性をもつ政策においてはなおのこと、十分なデータと分析に裏付けられたエビデンス・ベースの提言を可能とする政策研究のあり方検討していく必要があるだろう。

推奨図書

1. 足立幸男『公共政策学とは何か』ミネルヴァ書房、2009年。
   そもそも公共政策学とはどのような学問であるか、その社会的使命と基本的な理論を整理した公共政策学の原論テキスト。

2. 福田耕治『国際行政学—国際公益と国際公共政策（新版）』有斐閣ブックス、2012年。
   国際行政学についての数少ないテキスト。国際公共政策過程や具体的な課題が示されている。

3. 宮川公男『政策科学入門』東洋経済新報社、1995年。
   政策科学の系譜を初学者が学ぶために有用な古典的テキスト。

4. 上杉勇司・藤重博美・吉崎知典・本多倫彬編『世界に向けたオールジャパン—平和構築・人道支援・災害救援の新しいかたち—』内外出版、2016年。
   日本の平和構築、災害復興支援の現場におけるアクター間協力の事例を網羅的に収集し、協力の形態等を分析した書籍。

5. 紀谷昌彦『南スーダンに平和をつくる—「オールジャパン」の国際貢献』ちくま新書、2019年。
   元南スーダン大使自らが在任中の経験をもとに日本の対南スーダン国際平和協力について著した書籍。

●ディスカッションポイント

確認問題

▶国際平和活動は、どのような政策プロセスの交錯の結果、導き出された政策とみなすことができたであろうか。3つの政策プロセスについて確認してみよう。

発展問題

▶日本が行う国際平和活動は、PKOへの自衛隊派遣以外にどのような活動があるだろうか。南スーダンを事例に、外務省、JICA、NGOなどの活動を具体的に調べてみよう。

▶ODA-PKO連携の評価として、「『連携のための連携』ではなく、事業としての価値をもちえた」とは具体的にどのような意味だろうか。「連携のための連携」、「事業としての価値」とは何か話し合ってみよう。

1）政策研究は、特定の政策分野についての専門的な知識だけでなく、様々な政策について共通し、かつ横断的に必要とされる知識を研究対象とする。詳しくは、足立幸男『公共政策学とは何か』ミネルヴァ書房、2009年、12-21頁；宮川公男『政策科学入門』東洋経済新報社、1995年、73-77頁。

2）本章でいう政策研究は、政策科学や公共政策学と呼ばれる学問分野とほぼ同義である。政策研究の科学性を主張したハロルド・ラスウェル（Harold D. Lasswell）は、1951年に出版されたスタンフォード大学でのシンポジウム報告で政策を科学的に研究する分野を「政策科学（policy sciences）」と呼ぶことを提唱した。これが政策科学という言葉が用いられるようになる契機であったが、現在も一般的とはいいがたく、政策研究や公共政策学が使用されている。Harold D. Lasswell, "The Policy Orientation" in Daniel Lerner and Harold D. Lasswell eds, *The policy sciences: Recent developments in scope and method.* (Stanford: Stanford University Press, 1951.)

3）足立、前掲書、9-12頁。

4）宮川、前掲書、81-87頁。

5）本章では述べることができなかったが、さらに現場の最先端で政策実施を担う「第一線（ストリート・レベル）職員」が、問題を眼前に、限られた資源をどのように配分しながら裨益者の利益を確保するかという問題については、緊急性が高い国際平和活動の中では特に考える必要がある課題である。マイケル・リプスキー著、田尾雅夫・北大路信郷訳『行政サービスのディレンマーストリート・レベルの官僚制』木鐸社、1986年（改訂版：Lipsky, Michael. *Street-level bureaucracy: Dilemmas of the individual in public service.* Russell Sage Foundation, 2010.）

6）安保理で取り上げられない安全保障問題については、次が参考になる。Virgil Hawkins, *The silence of the UN security Council: conflict and peace enforcement in the 1990s* (Firenze: European Press Academic Publishing, 2004).

7）下村恭民『開発援助政策』日本経済新聞社、2011年、33-49頁は、開発援助の目的を巡るジレンマを議論しており（第2章）、少なくない示唆を得た。

8）「受援」とは、特に被災した地域の自治体や住民が、他地域からの援助や支援を受けることを意味する。東日本大震災の折、日本が国際的な人道支援を受入れる体制を十分に

備えていなかったことへの反省から国際的な援助の文脈でも使われるようになった。

9）これら評価の詳細については、以下を参照。United Nations Peacekeeping Resource Hub の Evaluation に 関 す る 説 明 の ウェブ ペ ー ジ。https://research.un.org/en/peacekeeping-community/evaluation

10）平和の定着ガイドの本文は、国連の以下のサイトを参照。https://www.un.org/peacebuilding/sites/www.un.org.peacebuilding/files/documents/monitoring_peace_consolidation.pdf

11）これまで実施された事例シエラレオネ、アフガニスタンなどについては、上記注10）リンクの Appendix C を参照のこと。

12）神余隆博編『国際平和協力入門』有斐閣選書、1995年、197-203頁。

13）花谷厚、浦上法久「第12章南スーダン」上杉勇司・藤重博美・吉崎知典・本多倫彬編『世界に向けたオールジャパン―平和構築・人道支援・災害救援の新しいかたち―』内外出版、2016年、184-200頁。

14）今西靖治「国際平和協力におけるオールジャパン・アプローチ― PKO における自衛隊の役割と ODA との連携」『国際安全保障』第43巻第2号、2015年9月、44頁。

15）田中（坂部）有佳子「アドホックなボトムアップ型の構成から日本型協力システムの模索へ―東ティモールへの施設部隊派遣を中心として―」、山本慎一・川口智恵・田中（坂部）有佳子編著『国際平和活動における包括的アプローチ―日本型協力システムの形成過程』内外出版、2012年、146-167頁。

16）川口智恵「イラク支援における多層的調整システムの形成」山本慎一、川口智恵、田中（坂部）有佳子編著『国際平和活動における包括的アプローチ―日本型協力システムの形成過程』内外出版、2012年、168-191頁。

17）花谷ら、前掲論文、193頁。

18）国別開発協力方針の別紙として，実施決定から完了までの段階にある個別の ODA 案件を，国ごとに設定した ODA の重点分野・開発課題・協力プログラムに分類して，一覧できるよう取りまとめたもの。外務省ホームページの『国別開発研究方針（旧国別援助方針）・事業展開計画』の概要から引用。
https://www.mofa.go.jp/mofaj/gaiko/oda/seisaku/kuni_enjyo_donyu.html

19）花谷ら、前掲論文、196頁。コラムとして ODA-PKO 連携に関わった JICA 南スーダン事務所員らの経験をまとめた花谷厚「南スーダンにおけるオールジャパンの試み」上杉ら、前掲書、201-203頁には、本文で述べたストリートレベルの職員が感じた ODA-PKO 連携が紹介されており興味深い。

20）村上裕公「コラム13　南スーダンの国づくり支援」、上杉ら、前掲書、204-206頁。

21）紀谷昌彦『南スーダンに平和をつくる―「オールジャパン」の国際貢献』ちくま新書、2018年、83-86頁。

【川口智恵】

コラム 4：国際平和活動を研究する①
　　　　計量分析と統計・データによる実証／統計分析

欧米の紛争研究と普及

　アメリカや北欧には紛争や政治制度について統計データを使って分析（計量分析）する長い伝統がある。事例の詳細な分析と異なり、計量研究は多くの事例（Large-N と呼ばれる）を扱うことが可能であり、仮説を検証する際に一般性を主張しやすいというメリットがある。また、データやモデルが公開されれば、比較的容易に追試が可能であり、科学としての政治学（Political Science）という学問枠組みになじみやすいという利点もある。紛争の相関分析（COW）プロジェクトやウプサラ紛争データプロジェクト（UCDP）、Polity IV プロジェクト、といったデータベースは、早いものでは1960年代から整備されてきた。

　その後パーソナルコンピュータの価格が安くなり、そして、無料オープンソースの R といった統計パッケージが提供されるようになり、院生や学部生レベルで簡単に計量分析を行うことが可能になった（簡単な回帰分析なら MS-Excel で行うことができる）。

　現在アメリカの政治学会や国際関係学会が発行する学会誌は多くの計量分析の論文を掲載している。PKO や平和構築の分野においても様々な計量分析が行われるようになっている。これまで PKO の実務の世界や事例分析で言われてきた様々な言説が、計量分析を通じてその妥当性について検証されるようになっている。本コラムではこうした近年の PKO や平和構築に関する計量分析の傾向を述べ、簡単な導入を行っていきたい。

データベースの充実

　近年 PKO や平和構築に関する様々なデータベースが作られるようになった。PKOの要員提供に関しては IPI の Providing for Peace プロジェクトがある。どの国がどの要員をどれくらい出しているか、国連平和活動局（DPO）の資料をもとに月単位で集計している。

　こうしたデータベースについては現在でも充実が図られており、それとともにデータベースそのものを議論することも多くなった。例えば International Peacekeeping 誌ではデータセットの特集号や誌上討論会を公刊している[1]。

　現在 2 つの傾向がみられる。一つの傾向としては、地理的データが利用されるようになっている点があげられる。地理情報システム（GIS）を用いて近接性や地形を取り込んだ分析が可能になっている。また、もう一つの傾向として機械学習プログラムを用いてウェブ上やデータベース上の膨大なデータを機械によって取り込み、分析するようになっている。

因果推論の導入

　従来の計量分析は実験が難しい社会政策に関し重回帰分析の手法を当てはめて、複数の要因をコントロールし、一つひとつの要因の効果を測定するというものだった。しかし重回帰分析はモデル依存が大きく、モデル特定化を誤れば結果が異なるという欠点を持つものであった。

　近年（といっても10年以上前から）は統計的に因果効果を分析する手法が適用されるようになっている。例えば、マッチング、自然実験、RDD（非連続回帰デザイン）といった方法が適用されている。例えばギリガン（Michael J. Gilligan）らは、PKO が平和をもたらすかどうかを研究する際に、PKO が派遣される事例と、派遣される事例が同一ではなく、そのために一見すると PKO に平和をもたらす効果がないように見えることを問題視した。そこでマッチングという手法で条件を統制し、紛争後に派遣される PKO に平和維持効果があることを示した。[3]

マイクロ分析

　データ分析の欠点として事例の数が十分ではなく、多数の変数を扱おうとすると「自由度」がなくなってしまい分析ができなくなってしまうということがある。加えて、紛争と平和というような大きな従属変数を扱ってしまうと、特定の政策や状況がどのように戦争平和を生むのかというプロセスを見えなくしてしまう。

　こうした批判に対し、分析のレベルを個人のレベルに落とし、明確な因果関係を明らかにしようとする試みも行われている。ハンフレイズ（Macartan Humphreys）らは DDR（武装解除・動員解除・再統合）の効果を測定するために現地の2000人を対象とする調査を行った。個人が DDR プログラムを受けることは平和に対する期待や民主主義の需要といった価値観の変化を迎えるはずである。しかし、彼らの研究では国際社会から財政支援された DDR プログラムは兵士の再統合に効果がないことが示された。[4]

計量分析のはじめ方

　このように、PKO や平和構築に関する計量分析は広く普及しつつある。欧米のPKO や平和構築に関する研究成果を理解するためには、計量分析に関する一定の知識が必要になってくるだろう。では、研究者として計量分析をどのように始めたらよいのだろうか。

　まず計量分析の「鑑賞」は意外と難しくはない。[5] 近年は表による統計分析結果の報告だけでなく、グラフによる効果の表示方法も普及している。むろん、実際に計量分析を実施するとなると難易度はぐっと上がる。しかし、冒頭で述べたようにコンピュータソフトは安くなり、統計分析を解説する YouTube などの動画も充実してきた。

　これから計量分析を行おうと思ったら、まずは関心のあるテーマの研究をコンピュータ上で追試・再現することから始めるべきである。現在はウェブ上にデータだけでなくプログラムやモデルも公開されており、そのままを再現できるようになっている。これ

を操作し、どういうメカニズムになっているかを把握するのが近道である。

　もちろん同時に統計手法に対する理論的理解も進める必要がある。計量経済学や統計学の講義を受講するのが最も手っ取り早い方法である。アメリカでは ICPSR（Inter-university Consortium for Political and Social Research）というデータアーカイブ組織が夏休みに計量分析のサマーコースを実施している。日本でも ICPSR 国内利用協議会が統計セミナーを実施している。また独習可能な教科書も出版されている[6]。統計手法を身につけながら自らの手でデータ分析をして学習を深めていくとよいだろう。

1 ）Roger Mac Ginty, "Peacekeeping and Data," *International Peacekeeping* 24, no. 5 (2017), pp.695-705; Paul F. Diehl, "Behavioural Studies of Peacekeeping Outcomes," *International Peacekeeping* 21, no. 4 (2014), pp.484-91.

2 ）これらについては森田果『実証分析入門—データから「因果関係」を読み解く作法』日本評論社、2014年を参照。

3 ）Michael J. Gilligan and Ernest J. Sergenti, "Do UN Interventions Cause Peace? Using Matching to Improve Causal Inference," *Quarterly Journal of Political Science* 3, no. 2 (2008), pp.89-122.

4 ）Macartan Humphreys and Jeremy M. Weinstein, "Demobilization and Reintegration," *Journal of Conflict Resolution* 51, no. 4 (2007), pp.531-67.

5 ）回帰分析の表の見方については久保田徳仁「連邦制と民族紛争の計量分析—研究の進展と課題・展望」松尾秀哉ほか編『連邦制の逆説？—効果的な統治制度か』ナカニシヤ出版、2016年を参照。

6 ）さしあたって、今井耕介『社会科学のためのデータ分析入門（上・下）』岩波書店、2018年をあげておく。

【久保田徳仁（防衛大学校）】

コラム5：国際平和活動を研究する② 歴史研究と資料（史料）

2017年2月、防衛省は自衛隊PKO派遣部隊が作成した「南スーダン派遣施設隊 日々報告」（いわゆる「日報」）等の一部を公表した。それは2016年7月に首都ジュバにて発生した大規模な武力衝突を率直に報告するもので、「戦車や迫撃砲を使用した激しい戦闘」といった生々しい記述を通じ、国民の多くが厳しい現地情勢を知るに至った。それは「散発的に発砲事案が生じている」（中谷元防衛大臣）といった従来の政府説明とはかけ離れた現実であった（『朝日新聞』2017年2月8日）。その結果、世論や野党を中心にPKO参加五原則と南スーダンの現状との整合性を問う声が高まり、それも一因となって2018年3月、安倍晋三政権は南スーダン派遣部隊の撤収を発表する。この間、防衛省・自衛隊が「日報」を隠蔽・破棄していたことも判明、同年7月には防衛大臣、防衛次官、陸上幕僚長が辞任を迫られるに至った。こうした一連の「複合的危機」によって、今や憲法九条が想定する活動と現代PKOからの要請には埋めがたい溝が広がっていることが曝け出されたのである。

この内部文書たる「日報」を防衛省が公表するきっかけを与えたのが、一人のジャーナリストが防衛省に対して行った情報公開法に基づく開示請求であった（布施祐仁・三浦英之『日報隠蔽』集英社、2018年）。1999年に成立した同法により、誰しもが国の行政機関に対して、その内部文書の公開をピンポイントで請求することができ、各機関にはこれに応える義務がある。同種の制度はアメリカ（情報自由法）をはじめ、世界95か国でも整備されている（『毎日新聞』2015年10月19日）。国際平和活動の研究には様々なアプローチが考えられるが（本書第Ⅱ部参照）、いずれの手法においても、それが実証的な研究であるためにはその論拠となる確かな情報が必要となる。この点、情報公開法で開示される文書は、研究者にとっても、各種アクターの政策決定過程の実相に迫り、その内在的な理解の手がかりとなる貴重な資料となっている。

もっとも、当然ながら情報公開法では「（公開によって）国の安全が害されるおそれ」等々がある公文書は不開示とするとされ、そもそも同法によって公開されるのは膨大な公文書群の一部である点にも注意が払われなくてはならない。政策決定過程の全容が詳らかになるには、日本であれば、少なくとも公文書管理法に基づき重要内部文書の多くが国立公文書館（あるいは外務省外交史料館）に移管され、そこで全面的に公開されるのを待たねばならない（文書作成からおよそ30年が必要とされる）。こうした「歴史公文書」を中心に据えたアプローチが歴史研究である。冷戦期の国際平和活動に関していえば、各国の公文書館（国連公文書館も含む）所蔵の膨大な史料が猟渉され、従来の公的説明とは全く異なる、国連と加盟国とのリアルな力学関係が明らかにされつつある（たとえば、三須拓也『コンゴ動乱と国際連合の危機』ミネルヴァ書房、2017年）。著名な現代史家であるルカーチ（John Lukacs）は「（歴史家）未来の予言者ではなく増えていく過去の代弁者でなければならない」と語る（ジョン・ルカーチ『歴史学の将来』みすず書房、2013年）。彼が指摘するように、歴史研究は、他のアプローチとは異

なり、同時代の政策には直結しない。だが、それが明らかにする先人たちの記録には圧倒的な迫力があり、その洞察から得られる知的刺激は大きい。

　ここで情報公開法（後に公文書管理法）にて近年、明らかになった日本政府の外交公電を一つ紹介しておこう（写真）—日本が初めてPKOへの自衛隊派遣要請を受けたのは国連加盟直後の1958年であった。この熱心な要請を岸信介政権は自衛隊法に規定がないとの理由で拒否、当時の松平康東国連大使は苦しい立場に立たされた—その時、松平が岸政権に再考を求めた極秘請訓である。「わが国憲法は条約に国内法的効力を認める立場にあり（中略）、従ってわが国が国連に加盟し、国連憲章第二条を条約上の義務として認める以上、わが国憲法の解釈は右義務を前提として解釈すべきことは当然の儀かと存ぜらる」。国際法学者でもあった松平は、日本が国連に加盟した以上、憲法九条（あるいは自衛隊法）は同98条に基づき国連憲章に沿って再解釈されるのが当然であり、ここで国連の要請に応えないことは「わが国憲法の精神に反する」と喝破したのである。この松平の説く「条約優位」論は岸政権に無視され、PKO法が成立したときにすらまともに取り上げられることなく現在に至る。だが、憲法九条とPKOとのギャップをあらためて眼前にする今、この60年前の請訓には失われた過去への郷愁以上の意味があると思われないだろうか。

【村上友章（流通科学大学）】

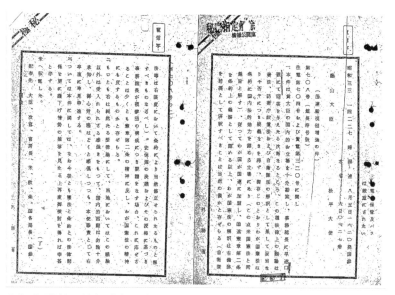

出所：「国連監視団増強の件」1958年8月6日、外務省情報公開開示文書。

Ⅲ
結　論　部

イントロダクションと第Ⅱ部を踏まえ、結論部では各章のまとめを
行う。そのうえで、国際平和活動におけるアクター間協力の理論と
実践について、課題と展望を示す。

ベンティウの PoC サイト（空撮）
出所：Aerial View of Bentiu Protection of Civilians Site, South Sudan
11 June 2016
Bentiu, South Sudan
UN Photo/Isaac Billy
681360

第7章　国際平和活動の課題と展望—学際的研究を通じて

はじめに

　本書は、紛争起因の複合的危機における国際平和活動で活動する多様なアクター間の協力に着目し、法学、政治学、国際組織研究、政策研究の4つの研究アプローチから学際的研究を行うことを試みた。本章は、第1章で示した研究の問いと作業仮説を踏まえ、各章から抽出された課題を総括し、本書全体の結論とする。

　本書は、紛争を起因とした複合的危機に対する外部アクターの国際平和活動に着目し、「国際平和活動に関与する外部アクターは、制度の構築を通して協力関係を形成・促進する」という作業仮説を立てた。それは、制度には、外部アクターの活動を協力に導く作用があるのかどうか、あるとしたらそれはどの程度実現しているのかという問いである。ここでいう「制度」とは、各アプローチが扱う国内外の法、組織、政策等を指しており、そのため各研究アプローチによる検討を行った。

　第1節では、各章で考察した研究アプローチからみた課題と展望を示す。第2節では、各研究アプローチから取り組んだ南スーダンにおける国際平和活動の分析に基づき、国連、日本、英国の国際平和活動の実践における課題を示す。また、第1、2節では、コラムで紹介された研究アプローチや論点についても言及し、本書との関連性を確認する。以上をもとに、第3節では、複合的危機下の国際平和活動におけるアクター間協力の試練を総括する。最後に、今後の研究課題を提示するとともに、本書が主な検討対象とした2016年以降の動向を踏まえ、国際平和活動をめぐる展望を示す。

　図7−1は、第1章で提示した国際平和活動の見取り図に、第2章から第6章において行った議論を反映させ、今後の課題—受入国への協力の効果—を追記したものである。この図を参照しながら、下記を読み進めることで、本書が

図7-1　本書で検討した国際平和活動と今後の課題

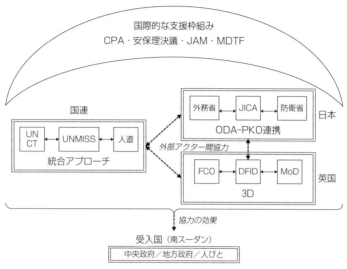

出所：井上・川口・田中（坂部）・山本作成

検討した国際平和活動と課題がよりよく理解できるだろう。

1. 国際平和活動と研究アプローチ

1.1. 法

　国際平和活動は国際・国内の紛争に外部アクターが関与する取り組みであるため、国際平和という大義と目的があったとしても、領域国の国家主権との関係が国際法上の問題として存在している。領域主権から導かれる不干渉原則をいかに乗り換えるかという点とともに、活動の性質上、平和の回復・維持のために武力行使を伴う場合もあることから、現代国際法の基本原則の1つである武力不行使原則との関係をどのように整理するかという課題である。

　第2次世界大戦後の国連憲章体制の下では、武力不行使原則（第2条4項）と不干渉原則（第2条7項）を憲章条文に取り込み、個別国家の一方的な武力行使を禁止する一方、加盟国の国家主権へ配慮する規定を設けた。他方で憲章は、国際の平和と安全を維持する主要な責任を安保理に負わせ（第24条）、安保

理の審議の結果採択される決議が憲章第7章に基づく強制措置を決定した場合には、加盟国は安保理の決定を履行する義務を負い（第25条）、措置の対象国にとっては不干渉原則の例外として（第2条7項）、国家主権の壁を貫く法理論を構成した。また冷戦後の国連の実行は、武力行使を含意する「必要なあらゆる手段の行使」を安保理が許可することによって、現代国際法では個別的または集団的自衛権と並んで武力不行使原則の例外に位置づけられ、当該武力行使は国際法上許容されるようになった。さらに2000年代以降のPKOでは、国連憲章第7章と結びついて設置され、強力な武力行使権限を内包する活動になった。この点が伝統的なPKOの同意原則や公平原則、自衛原則にいかなる影響を与えたのかという点が論点として浮上する。現実の実行としては和平合意の下でPKOの展開に対する同意を得ることで同意原則を維持しており、和平合意で与えられた職務権限を公平に対処するために広義の自衛の中でPKOによる武力行使が捉えられており、公平原則と自衛原則についても整合性がとれる形で整理されている。

1.2. 政治学（制度論）

　平和は、誰にとっても望ましい共通利益のはずである。しかし、それを生み出すための国際平和活動を供給する一国家にとって、この活動への参加は自己利益ももたらす。その異なる利益の狭間の中、支援国は、一部局では対応しきれない複合的危機のため、全政府アプローチを採用する。一支援国内の各部局は一定の自律性は保ちたい反面、これまでの理解からは、有限の資源を効果的・効率的に用い得ること、一部局だけでは成しえない分野横断的な課題に取り組めるメリットを共通利益として見出しやすい。上からの権威が不在の中、制度は将来にわたって協力関係の持続への期待を維持する管理・監視機能、行動基準や制裁役を設定する、信頼醸成の場を設ける、フォーカルポイントを置く、あるいは複数の政策課題を議論して利得の大きさを変更させるなどの役割をもちうる。

　省庁間協力が、トップリーダーの主導や特定省庁の働きかけにより進む例はみられる。一方、制度構築によって省庁間協力を促進させようとすることがある。その際、政策の立案から評価までのどの段階の、どのような協力であるか

を特定する必要性を確認した。制度の構築が限定的な場合は、各部局の自律性が優位で、政策の実行面において共同作業が発生する「ボトムアップ型」となる。他方欧米諸国では、政策の統一性を達成することへの期待が著しく、（執政府代表らが束ねる）閣僚委員会の設置等の「トップダウン型」の制度化が主流であるが、制度の形成そのものは発展途上である。

第4章では、全政府アプローチが政治家と官僚の間の垂直的な相互作用と省庁間の水平的な相互作用の組み合わせであるとみなした。今後の研究上の課題としては、どのような条件の下（異なる政治制度、例えば議院内閣制と大統領制）で協力形態はかわるのかや、官僚間あるいは官僚の政治家に対するアカウンタビリティの確保によって協力が推進可能かなど、効果的な制度は何であるかの理論的な検討が有用である。また、各国が持つ全政府アプローチの実践事例を比較検討し、実証を進めることも興味深い考察を引き出せるだろう。

1.3. 国際組織研究

第5章では、アクター間協力を分析する研究アプローチとして国際組織研究を取り上げた。国際平和活動における国際組織の機能としては、加盟国が国際平和活動を国際公共財として実施するために必要な協議を行う場（forum）を提供するとともに、国際組織は国際平和活動の実施主体（actor）でもある。

国際組織研究においては、国際法的アプローチが主流であったものの、国際政治学・国際関係論のアプローチでは、国際秩序形成・維持において主に国家がいかなる動機に基づいて国際組織を設立し、いかに活用するかが研究されてきた。その中で、国際平和活動は、諸国家の協調と対立が表出する事象として分析されてきた。アクター間協力がいかなる条件下で、どのように成立するかはそのプロセスと位置づけられる。

国際平和活動の実際を把握する上で、国際組織の元実務家の記述やオーラルヒストリーの蓄積が有益であるほか、歴史的アプローチ、人類学など複数の研究アプローチの架橋、国際組織間関係への着目がみられる。

1.4. 政策研究

第6章では、政策研究という研究アプローチと国際平和活動について検討を

行った。まず、政策研究の基本的枠組みとなる「政策の構成要素」、そして政策決定と政策実施の２つの「政策プロセス」を紹介し、この枠組みを使うと政策としての国際平和活動がどのようにみえるかを検討した。その結果、国際平和活動は、国際公共政策、国家の対外政策、そして受入国の受入政策が交錯し、現場で多様なアクターによって実施される施策であることを示した。図７-１で示された国際社会の支援枠組みと国連の活動は、国際公共政策に含まれるものであり、日本や英国など各国が実施する国際平和活動は、対外政策に含まれる。第６章では PKO を事例に、国際平和活動を一つの政策として構成要素に分解して理解した上で、政策プロセスを明らかにすることにより、国際平和活動が、国境を越えた多元的な意思決定や資源の移動によって形成され、実施されていく複雑な活動の集合体であるということを示すことができた。

　政策研究を通じて、ある一国に対する国際平和活動の全容を一つの政策（様々な施策・事業の束）として認識することは可能であるが、具体的な政策改善の検討を行う上では、国家や国際組織といった政策主体を分析単位として、これらを個別に、もしくはこれらのプロセス間の分析を行うことが現実的であることも理解された。さらに、国際平和活動の究極の目的である「平和の定着」を念頭に置いた政策改善を追求するためには、本書で紹介された他の研究アプローチに加えて、紛争影響国特有の政治、歴史、人々の思考・行動様式などを理解しようとする地域研究や人類学といったアプローチとの協力が必要であることを指摘した。

1.5.　学際的研究の必要性

　本書の第Ⅱ部を通じて、国際平和活動には様々な研究アプローチが存在し、その活動が抱える課題の解決に取り組んでいることが理解されたのではないだろうか。例えば法学では、国際平和活動が持つ他国への介入という側面について、国家主権や不干渉原則、武力不行使原則といった現代国際法の基本原則に照らして、当該活動を分析・評価してきた。政治学、特に制度論の立場からは、国際平和活動を実施するアクターが異なる利害を持つ場合に、制度が協力を促すか否かを検討していた。国際組織研究は、多くの国際平和活動の中心を担ってきたアクターである国連に注目し、その活動の変遷や有効性について、

様々な手法から取り組まれてきたことを示した。政策研究は、複雑な国際平和活動を「政策」という視点で切り出すことで、その輪郭を明らかにして、国際平和活動に関する責任の所在を明らかにし、政策改善への糸口を見つけることに取り組んでいた。各研究アプローチに共通しているのは、研究を通じて国際平和活動の改善に資するための示唆を導きだそうとしている点である。国際平和活動が抱える様々な課題を解決するためには、第Ⅱ部だけでは紹介しきれなかった様々な研究アプローチが必要である。コラムで紹介した統計やデータを使った計量分析や一次資料（史料）をち密に読み解く歴史研究によるアプローチ、加えて地域研究や社会・文化人類学なども有用であろう。国際平和活動は、個々にユニークで複雑な問題解決に取り組む政策的な課題であるため、学際的なアプローチを必要としており、本書はその一部として法学、政治学、国際組織研究、政策研究の4つの研究アプローチから国際平和活動を研究する視点を紹介した。

2．国際平和活動の実践 ―アクター間協力

2.1. 国連の南スーダンにおける国際平和活動

　第5章で取り上げた国連と国際平和活動の関連性として、1990年代以降、PKOが展開する紛争国・紛争地域で人道危機が苛烈になるとともに、紛争後の国家再建など多岐にわたるマンデートが付与されるようになった。そこで、国連では、2000年代以降、より包括的な取り組みとして平和活動の概念が提唱された。国連内で人道、平和維持、平和構築、開発部門がより密接にかかわりあうこととなった。また、国連と地域機構・準地域機構、人道支援団体といった組織単位での外部アクターとの接点も大幅に増加した。これらはいずれも、現場環境の変化に鑑み本部レベルで概念枠組みが改定され、それが現場のオペレーションに反映された。

　そのような背景をもとに、南スーダンを国際組織研究から見たときに重要なこととして、独立を果たした南スーダンでUNMISSが当初優先していたマンデートは国づくり（国家建設）であった。それが2013年12月のキール大統領派とマシャール第一副大統領派との間の武力衝突により、国連は、史上初めて、

文民保護サイト（PoCサイト）の設置を決定し、国内避難民の保護にあたる選択をした。2016年2月には、北東部マラカルのPoCサイトが武装勢力から攻撃を受けた。東アフリカの準地域機構である政府間開発機構（IGAD）などによる仲介により、2016年4月には南スーダンに暫定政府が成立したものの、7月には再び首都ジュバで武力衝突が起こった。その際は、現地住民だけでなく、国連の文民職員も攻撃の対象となった。

　国連は、南スーダンの2つの課題に対処すべく、UNMISSに「統合アプローチ」を適用した。すなわち、国連PKOの複合化に伴ってマンデートが多岐にわたり、フィールドでのアクター間調整が必要になったこと、国連PKOが展開する紛争地における人道危機の深刻化に伴い、平和維持と人道支援の架橋が急務になったことである。これらについて、国連は事務局本部レベルの概念構築・改定、フィールドレベルの実践の双方を通してアクター間関係の強化を図った。

　国連では、加盟国と事務局が、組織改革を通したアクター間協力の推進を図っている。平和活動の改革の一端として、グテーレス事務総長は国連事務局の組織改編を行った。平和維持活動局（DPKO）を平和活動局（DPO）、フィールド支援局（DFS）をオペレーション支援局（DOS）にした。また、政治局（DPA）と平和構築機能を統合し、政治・平和構築局（DPPA）とした。これは、平和活動を紛争の政治的解決と予防に重点を置くグテーレス事務総長の方針の表れだが、国連では、特に2010年代以降、PKOミッションだけでなく、平和構築ミッションと特別政治ミッションにも注力してきた。PKOが終了したのち、平和構築ミッションが展開したり、PKOは展開していないものの特別政治ミッションを展開し紛争への関与を継続したりすることで、より包括的・持続的な平和活動に取り組む潮流ができている。

2.2.　日本の南スーダンにおける国際平和活動

　南スーダンの国際平和活動の例として、第3章では日本のUNMIS・UMISS派遣の事例を取り上げた。日本の国際平和協力法では、紛争当事者の間の停戦合意、そしてPKOと日本の参加への同意という点を前提としており、その意味では南スーダンにおいて生まれた停戦合意や和平合意といった国際的な法的

枠組みの存在は、日本が国際平和活動に参加する上で重要な意義を持つ。他方で日本側の法的枠組みは、派遣の根拠法である国際平和協力法が、2015年の平和安全法制によって改正され、国際平和協力業務の拡充が行われた。この間南スーダンでは2度の大きな騒乱があったものの、日本政府は、PKO参加5原則は維持されているとの認識の下、南スーダンへの派遣を継続していた。そうした状況で、改正国際平和協力法の下で設けられた新業務である「駆け付け警護」と「宿営地の共同防護」が、陸上自衛隊の施設部隊に対して付与された。これにより、日本のPKO派遣史上、初めて任務遂行型の武器使用権限が付与された。

　法学的観点からこれらの経緯を分析するにあたり、南スーダンにおいてなされた和平合意とともに、そこから生まれたUNMISSの法的性格をいかに評価するかという点が挙げられる。また日本の国際平和協力法上の法的権限と国際法上の規範との整合性や、UNMISSへの派遣決定および活動継続の決定に係る判断を担保する法的構造も重要な論点である。平和安全法制において、日本は改正国際平和協力法とともに国際平和支援法を新規立法し、国際平和協力法制の整備に努めたが、それらの法制が国際法規範と整合性がとれたものかどうか、国際平和活動に参画する日本にとって意思決定過程や現場におけるアクター間協力の実践において不十分な点はないか、南スーダンの教訓を基に絶えず検証を続けていく必要がある。

　一方で政策研究の観点からは、第6章で対外政策としての国際平和活動を、日本のUNMISSに対する自衛隊部隊派遣を契機とした日本版3DであるODA-PKO連携を検討した。この日本版3Dとは、外務省、JICA、防衛省・自衛隊の現地における協力による即効事業（QIP）の実施であり、日本の国際平和活動の有効な手段として評価されていることが確認された。

　南スーダンに展開した自衛隊の施設部隊は2017年5月に撤収し、平和安全法制以降の改正国際平和協力法の下では、2019年末現在、同国に対する部隊派遣は行われていない。部隊派遣が終了してからも、日本の国際平和活動は、外務本省、現地大使館、JICAが緊密に連携して二国間および多国間の枠組みを通じた人道・復興・開発支援、UNMISSの司令部要員として4名の自衛官の個人派遣（1年ごとに2名ずつが交代）が継続している。また、人道支援を中心と

した日本の NGO による支援も行われている。第6章で検討したような事業レベルの3Dを手段としたアクター間協力が現在も行われているわけではないが、様々な試みを通して継続的に南スーダンを支援し続けているのである。

2.3.　英国の南スーダンにおける国際平和活動

　第4章では、国際平和活動における省庁間協力を、制度化により推進しようとする英国のケースを取り扱った。英国は、国連平和活動である UNMIS・UNMISS へ参加し、国際社会が後押しする政治交渉を財政・技術面から下支えし、援助協調が進むことにより形成された国際的な支援枠組みの下での人道・復興・開発支援を追求した。南スーダンの独立以降は、二国間支援を重視しつつ、GoSS を直接介さない形で保護・教育・ガバナンス等のプログラムを支援した。

　トップダウン型の制度を持つとされる英国は、3D省庁が共同発行したBSOS に象徴されるように、政策の統一性、つまり本部レベルでの政策形成・モニタリング・評価における省庁間協力を重視する。ただし、対南スーダン支援を開始した初期は制度形成の過渡期にあった。3Dの担い手である FCO（外交）、DFID（開発）、MoD（防衛）が最初に必要として立ち上げた共同管理基金による財政資源の動員と、共同ユニットの設置による人的資源の動員によって迅速性を確保したことは、制度の活用が水平的な相互作用の活性化として協力へ、そして期待通りの成果に結実した好例である。また、現場レベルでの外交と開発アクターの共同作業が行われており、トップダウン型のひな型にとらわれない試みがあることも確認した。

　他方、英国の事例分析により、制度によって協力を促進させる際の課題が明らかになった。現行の「トップダウン型」の制度は、統一された政策の束を役割分担して実施することを求める。したがって政策立案における協力が重視される反面、その後の政策調整や実施過程での協力は限定的となる。適切な役割分担と資源配分に成功しても、実施の段階で想定外の状況が生じた場合の対応は新たな課題となる。共同ユニット、共同オフィスは本部と現場レベルそれぞれで FCO と DFID の間での水平的な相互作用を生じさせていたが、実質復興開発プロジェクトの管理に終始し、2者間で認識の乖離が生じた。2013年以降の政治交渉参加への回帰は、復興・開発支援への傾倒の修正を意味する。2019

年10月現在、英国は、引き続きトロイカ体制をなす一支援国として、政治的な
関与を続けており、再び調印された和平合意（R-ARCSS）の履行を後押しして
いる[1]。また、国際機関や NGO を通じた人道支援に財的資源の提供を続けてい
る。

　総じて、本書からは、南スーダンにおいて、国際平和活動におけるアクター
間協力に関し、今後も試練が続くということが明らかになった。

3．南スーダンの複合的危機と外部アクターの試練

　本書で取り上げた南スーダンは、南部スーダンの時代も含め、外部アクター
の「援助熱」が高いという前提があった。国際平和活動の他の事例の中には、
そもそも外部アクターの関心をひきつけず、関与しないという選択をされたも
のもある。南スーダンに関しても、国連、日本、英国をはじめとする外部アク
ターにとって「関与しない」という選択肢もあったはずだ。それにもかかわら
ず、実際には、本書を通してみてきたとおり、南スーダンには大量に援助がつ
ぎ込まれた。その背景として、2001年 9 月11日の米国同時多発テロやアフガ
ン、イラク戦争を経て、現地に平和を構築し定着させることが望ましいという
国際潮流が徐々に生まれたことが挙げられよう。アフリカにおける国際平和活
動のコストが依然として高い状況が続く中、スーダンからの分離独立という国
境線の変更を伴う南スーダンの事例を失敗させるわけにはいかない、という外
部アクターの認識も垣間見える。その南スーダンでは、外部アクターの支援目
的が、独立当初の国づくりから、特に2013年12月以降、複合的危機への対処と
大きく変化した。しかも、実際には、外部アクター間では、「南スーダンに平
和をもたらす」という大きなヴィジョンが共有されて援助が行われるはずが、
個々の事情・利益認識などにより、国・組織によって関与の方法に差異が生じ、
各々が直面する課題も異なっていった。

　そこで、以下では、南スーダンの複合的危機に焦点を当て、各アクターの分
析から明らかになった特徴と課題を示す。

3.1. 国連—現状に追いつかないスクラップ＆ビルド

　第5章では、国際組織内における水平的なアクター間協力に着目し、南スーダンの複合的危機に対処する上での国連「統合アプローチ」の課題として3点を挙げた。

　第1に、国連の「統合アプローチ」を促進する上では、関与するアクター間で、①予算と、②決裁・説明責任の経路が異なっていることが障壁となった。特に、国連事務局本部の各部局と、エージェンシーとの間で、この2点をめぐる違いが浮き彫りになった。

　第2に、平和維持と人道支援との架橋は、南スーダンの事例を経て、より一層困難になっている。昨今、人道支援アクターが武力紛争下で攻撃対象となる傾向が非常に顕著になっている[2]。これは、人道支援の持つ政治性を紛争当事者が強く認識していることを示している。

　そして第3に、国連「統合アプローチ」の射程は国連組織内、特に事務局本部内であった。国連と他の組織、特にAUといった地域機構との統合は、南スーダンの事例を踏まえて、その必要性がより強く認識される契機となった一方、現在も途上にある。

　国連の「統合アプローチ」は、国際平和活動にかかわる国連内のアクター間協力をPKOミッションの立案・実施・評価において、少なくとも部分的に促進する制度として機能している。しかし、常に概念構築と実施・運用との間にギャップが生じている。両者をいかにすり合わせるかをめぐって、「統合アプローチ」の改定が今後も進むであろう。この点に関しては、PKOの統合アプローチに人道・開発機関が組み込まれる功罪を指摘した忍足謙朗氏のコラムは示唆に富む。

　さらにいえば、国際組織としての国連の国際平和活動、特に複合的危機に関する取り組みは、いわば「スクラップ＆ビルド」である。国連は、南スーダンで、刻々と変化する現地情勢と国際環境をキャッチアップしながら、組織として限られた資源と加盟国の意思、さらには職員の能力開発とキャリアデザインを同時進行しなければならないという試練に直面したといえる。

3.2. 日本― ODA-PKO 連携を超えて

　第3章では日本の南スーダン支援の文脈からアクター間協力を法制度面から考察したが、平和安全法制の下で法整備の面では大きな前進があった。南スーダンにおいて危機が生じたときに、法制上は「駆け付け警護」や「宿営地の共同防護」によって他国要員の防護や共同で事態に対処しうる法整備が進められた。さらに在外邦人輸送も可能となり、現地における危機的状況下での自衛隊による輸送も制度上は可能になった。

　このように法制度上は平和安全法制の下で国際平和協力法や自衛隊法が改正されたことで、アクター間協力の進展に資する法整備が進められたが、今後より一層重要性を増すのは、実際に協力を行うか否かの政策判断の場面である。この点を法制度面から担保する枠組みとして、国家安全保障会議（NSC）設置法が改正された。すなわち、国際平和共同対処事態への対処が同会議の審議事項に加わり（第2条1項7号）、国際平和協力業務における安全確保業務や駆け付け警護の実施に係る実施計画の決定および変更、PKO の司令官ポストへの自衛官派遣が、必ず審議しなければならない事項とされた（第2条2項1号）。平和安全法制の下では、現地における国際平和協力活動の根拠となる実施計画において、参加5原則が満たされている場合であっても、安全を確保しつつ有意義な活動を実施することが困難と認められる場合には、NSC における審議の上、撤収することができるとされ、NSC の下で迅速な意思決定を可能とする法的枠組みが作られた。

　一般に、法的枠組みを設定し、法制度を運用するということは、その法に基づく活動の合憲性を確保するとともに、活動の予測可能性を高めることに意義がある。平和安全法制の整備以降、国際平和活動におけるアクター間協力が可能な法的枠組みが進展したことで、様々な事態に対処しうる法制度が整った。他方で、複合的危機のように状況が絶えず変化する事態に直面したとき、法制度の硬直的な運用では刻々と変化する事態に対処が難しい局面も想定される。特に危機に直面した現場において、アクター間協力を含めて活動実施の可否に伴う判断が求められる状況下では、政府として迅速な意思決定を行う必要がある。そのために国際平和活動の最新動向を調査し、多角的観点から活動実施の是非を判断しうる体制が法的には NSC の下で整った。今後は法律に基づいた

制度の運用がどのように進んでいくのかを注視し、政策判断の妥当性の検証が重要である。

　政策的側面から考えると、南スーダンというアフリカの未開発国家で国際平和活動を行うことは、カンボジアや東ティモールといった長年日本が関与してきたアジアの紛争後国家と比べて、ハードルが高いものであった。エリトリア以来、アフリカの国境を変えることとなる独立国家の誕生にかける国際社会の熱気、特に9.11テロ以降、スーダンをテロ国家に指定し、南スーダンの独立を後押ししてきたアメリカを中心とした欧米諸国による国際平和活動の形成の中で、日本が存在感を示しうる国際平和活動とは何か。1994年のコンゴ民主共和国（旧ザイール）への難民救援国際平和協力業務以来となるアフリカへの自衛隊部隊派遣を契機に、日本が有する国際平和活動のツールが総動員された。日本型の３Ｄである外務省、JICA、防衛省・自衛隊の協力が実施されたことは、外交資源の有効活用という観点からも、国づくり（国家建設）への貢献という点からも、日本の活動を効果的に国内外に印象づけるという点からも、一定程度の成果を達成することができたと考えられる。しかし、南スーダンにおけるODA-PKO連携は、国際平和活動の現場で３Ｄが揃うという日本にとって珍しい機会に成立したものであり、今後の日本の国際平和活動において常に採用しうる手段とはいいがたい。すなわち、日本が複合的危機において国際平和活動を効果的に実施する手段の一つであって、すべてではない。紀谷氏のコラムにあるように、南スーダンに対する日本の貢献は幅広いものであり、南スーダンという空間に留まらない奥行きを持つ支援へと広がりつつある。

　今後も日本が、脆弱で人道的ニーズが高い国家や地域に効果的な貢献をしていくためには、より幅広く柔軟な国際平和活動の手段を開発していく必要があるだろう。すでに実施されてきたように、人間の安全保障に基づく人々への細やかな支援、特に現地NGOとの協力に基づく支援、人道と開発のギャップを埋める試みは、人々のエンパワーメントや援助のローカライゼーションという観点からも重要な手段になるのではないだろうか。

3.3.　英国—最先端であるが故の課題？

　第4章は、複合的危機対応の中でも南スーダンという一事例での、一支援国

の部局間協力に特化した分析を行った。特に移行期は、国際的な支援枠組みの下で、人的資源、財政的資源を南スーダンの国づくりに注入していくことにより、相当程度の組織間協力（外部アクター間協力）に英国は関わったといえよう。一方で、情勢の変化を含め政策実施中のモニタリング、事後評価を政策の修正に反映することが、全政府アプローチの実現とその先にある紛争予防・管理への貢献に向けた課題であることを事例分析は示唆している。他の事例や異なる支援国・組織の制度と運用を分析することにより、実現の多様なパターンと実現への課題がより明らかになるだろう。

　アクター間で何を共有するかは、協力促進の鍵となりえる。平和の達成が共通利益となる契機のひとつとして、支援する側に共有されている（あるいは共有される途上にある）規範（アイディア）があろう。脆弱国家における複合的危機は、公共サービスを提供されない一般市民への負の影響が大きい。そのように考えると、安全を確保し基本的なニーズを満たすことは、だれもが享受すべき状況であるという点が共有されていくことによって、その規範の中に共通利益を見出していける可能性はある。国際組織内における水平的な相互作用に着目している石川氏（コラム2）は、アクターが協力するインセンティブとして、UNMISS内では和解、安定化、レジリエンス強化が戦略目標として共有されつつあり、結果として人道関係機関と開発機関が連動して取り組むきっかけになっていると述べる。これは、共通目的が何かが共有されており、それが結果として共通利益として見出されている好例であるといえる。

　より広く支援側のアクターを網羅する規範のひとつは、2015年第70回国連総会にて全会一致で採択された持続可能な開発目標（Sustainable Development Goals: SDGs）であろう。SDGsは、「誰一人取り残さない」ことを目指して、17の国際目標を掲げた。すべての国、人々を包摂し、社会、経済、環境から平和まで多岐にわたる分野（領域）を挙げたのは、各国が責任を果たすことで、その結果がお互いに関連しあい、相互に依存するからだという[4]。この相互関連性の指摘は、SDGsはひとつの目標の達成により他の目標の達成をももたらすという正の外部性を主張し、各国、人々の行動を促している。目標16「平和と公正をすべてのひとに」はゴールであると同時に、他のゴールを達成するための手段である。同目標にあるターゲットのひとつめは、「あらゆる暴力の削減」

である。このターゲットが他とどのように連動するのか、支援側が検討するきっかけにすることも一案ではなかろうか。

　国連、日本、英国が南スーダンでアクター間協力を実施する上で直面した試練として、共通していえることは、たとえ協力するための制度を整えていたとしても、複合的危機を抱え、状況が変化しやすい南スーダンに合わせた関与を行うことはどのアクターにとっても非常に困難であるということだ。現在の紛争影響地域に対する国際平和活動は、停戦、人道危機の収束、復旧・復興を経て開発フェーズへ移行するといったリニアな道筋をたどるわけではない。そのような中で、外部アクターが効果的に複合的危機に対応しようとするならば、ヴィジョンを共有することも狙いつつ、アクター間協力を含めた様々な選択肢を開発し、準備しておく必要があるだろう。

おわりに ── 今後の研究課題

　本書は、紛争起因の複合的危機における国際平和活動で活動する多様なアクター間の協力に着目し、4つの研究アプローチから学際的研究を行うことを試みた。このうち、図7-1の点線で示した「外部アクター間の協力」と「受入国への協力の効果」に関する分析については、残念ながら取り組むことが出来なかった。最後にこの2点について触れておきたい。

　本書では、第1章で、国際平和活動には「外部アクターの間の協力」が存在することを示していた（図1-2）。本書では、国連、日本、英国という3つの外部アクター内のアクター間協力については検討したが、国際組織である国連と加盟国である日本、英国との協力関係、南スーダンに関与する外部国家としての日本・英国関係、さらには三者間協力関係といった「外部アクター間の関係」については存在を認識しつつも、分析の主要な射程に含めることができなかった。第6章で触れたように、多様なアクターの活動の総体である国際平和活動の全容を全て詳らかにすることは難しいが、国際平和活動におけるアクター間の協力とその結果を考える上では、部分的であっても「外部アクター間の関係」にも研究を広げていく必要を感じている。

　外部アクター間の協力が、現地主体（政府、コミュニティ、一般市民など）にい

かなるインパクトを与えるのか、という点も今後の研究課題である。第1章で
も述べたように、本書の目的は、紛争起因の複合的危機における国際平和活動
で活動する多様なアクター間の協力に着目し、法学、政治学、国際組織研究、
政策研究という4つの研究アプローチから学際的研究を行うことである。その
ため、第Ⅱ部は主に外部アクターの視点から国際平和活動を観察しており、被
介入側である受入国からみた国際平和活動や彼らに対するインパクトに対して
は十分な目配りができていない。特に、人間の安全保障や人類学的視座からた
びたび指摘されてきた「人びと」の視点を基にした、紛争原因の解明や国際平
和活動への批判的な議論については十分な検討が出来ているとは言いがたい。
異なるアクター間の協力は、南スーダンに平和をもたらそうという国際平和活
動における様々な努力の一つである。CPA、安保理決議、JAM、プールファ
ンドなどから形成される国際的な支援枠組みは、政治的な支援、人道、復旧・
復興支援といった包括的支援網の形成を支え、「人びと」に裨益するはずであっ
た。様々な調整や協力の努力があったにもかかわらず、その実現には至ってい
ない。この原因がどこにあるのか、アクター間協力はどこまで受入国の平和の
定着に貢献ができたのかについては、今後の重要な検討課題としたい。

　国際平和活動の果実を、最も必要としている人びとに届けるために、外部ア
クターは何ができるのか、本書は4つの研究アプローチからアクター間協力に
迫ることでこの問いに答えようとしたが、そのインパクトを今一度考える必要
があるだろう。

1 ）FCO and the Rt Hon Dominic Raab. "Press release South Sudan: Troika Statement",
　October 2019（英国政府ウェブサイト）.
2 ）OCHA, 2019 Humanitarian Response Plan South Sudan, December 2018を参照。
3 ）紀谷昌彦『南スーダンに平和を作る─「オールジャパン」の国際貢献』ちくま新書、
　2019年、181-203頁。
4 ）UN General Assembly, Transforming our world: the 2030 Agenda for Sustainable
　Development, A/70/L. 1 , 2015, para.13, 17.

【井上実佳・川口智恵・田中（坂部）有佳子・山本慎一】

あとがき

　本書の編著者 4 名は、日本の国際平和協力の研究調査に関わる同僚として知り合ってから、研究交流を重ねてきた。その結実として、2012年『国際平和活動における包括的アプローチ─日本型協力システムの形成過程』を上梓することができた。ここから、4 名がもつ各専門分野の知見を生かしつつ、ひとつの国際平和活動が実施される事例を多面的に分析する、学際研究を目指そうとの考えがまとまった。

　本書は、科学研究費補助金「国際平和活動におけるアクター間協力生成の因果メカニズムに関する学際研究」（科研番号16KT0159、2016-2019年度）による成果となる。

　研究会では、国際平和活動の研究者・専門家・実務家の方々から知見をいただきつつ、我々の考えるアクター間協力に関する議論を進めた。ロンドン、ブラッセル出張では、欧州各国・EU の国際平和活動への関わり方につき理解を深めた。各編著者は関東・関西エリアに散在していたが、1 泊 2 日にわたる研究会ではこれまでになく密度の濃い議論を交わすことができ、書籍化への思いを強くした。一方執筆が始まると、各分析を書籍に落とし込む作業は、スカイプやメール上でのやり取りが主となり試行錯誤が続いた。研究期間の延長を余儀なくされたが、長年の交流のなかで培った信頼と互いの研究への理解のもと、担当章の執筆にとどまらず全ての章にわたってアイデア、インプットを出し合い、コメントを送り合い続けたことにより、本書を読者の皆様の手にとっていただけることになったと思う。

　本プロジェクトの中間発表として、日本国際政治学会2017年度研究大会安全保障分科会 II にて、「複合的危機への対応をめぐるアクター間協力─南スーダンを事例に」とのテーマをもとに、各編著者が以下の発表をする機会に恵まれた。その際に各発表に、その後の分析の改訂に向け真摯なコメントをくださった久保田徳仁氏は、次段階の書籍各章の草稿にも目を通してくださった。この

書籍を完成させるにあたり、同氏の細部にわたる的確な指摘と各章を貫くメッセージへの問いかけはなくてはならないものであり、重ねて御礼申し上げたい。

本書のプロジェクト期間中、編著者たちは、平成29・30年度外務省外交・安全保障調査研究事業費補助金「平和安全法制に基づく我が国の国際平和協力の在り方」（受託先：日本戦略研究フォーラム（JFSS））に参加させていただいた。日本のこれまでの国際平和協力について当事者の方々から実態をお伺いするとともに、欧州、エチオピア・ウガンダ、ガーナ調査出張等に参加することによって、支援国の現状や国際平和活動の現場を知るまたとない機会となった。

井上・川口は、2018年7月6日、「アフリカにおける平和・安全保障の現状と日本の国際平和協力の展望」と題して国際平和協力研究会にて報告させていただいた。また、井上・田中（坂部）・山本は、2018年11月27日、青山学院大学国際研究センターとJFSS共催にて、Niels van Willigenライデン大学准教授を招聘し『アフリカに国際平和活動部隊を派遣することとは— MINUSMAにおけるオランダの経験を通じて』を開催した。最新の国連PKOの動向を背景に、支援国がもつ課題につき有用な意見交換ができ、編著者らは大いに知的刺激を受けた。こうした数々の貴重な関係者との交流を後押ししてくださったグループ・リーダーの髙井晉先生、佐藤庫八先生、プロジェクト・メンバー、JFSS事務局、国際研究センター事務局の各氏に深謝いたしたい。

各編著者の本プロジェクトにおける主たる成果は以下のとおりである。

井上実佳「アフリカをめぐる日米中の国連PKO政策の現状—南スーダン撤収後の日本の課題」『世界平和研究』No.220、2019年2月、39-48頁。

井上実佳「AU設立条約とアフリカの地域安全保障—地域的法秩序をめぐる国内政治・国際関係」国際法学会2019年度（第122年次）研究大会第1分科会「条約の国内的実施による法秩序の実現とその動態」2019年9月3日。

川口智恵「南部スーダン危機対応における包括的アプローチの形成：米国とEUを事例に」『国際公共政策研究』第23巻第2号、2019年3月、25-37頁。

田中（坂部）有佳子「治安部門改革におけるハイブリッドな平和への課題—『ローカル』と外部アクターの役割」『防衛法研究』第41号、2017年7月、

61-77頁。

Yukako Tanaka (Sakabe) "International Peace Operation and Japan," *Aoyama Journal of International Studies*, number. 7, January 2020.

山本慎一「国際平和活動の潮流と日本の国際平和協力法制―平和安全法制の整備に至る議論を踏まえて」『防衛法研究』第41号、2017年7月、21-44頁。

山本慎一「平和安全法制と国際平和協力―国際的潮流と国内法制度の比較分析」『国際安全保障』第47巻第2号、2019年9月、94-113頁。

本書のなかで、忍足謙朗、石川直己、紀谷昌彦、久保田徳仁、村上友章、湯浅拓也各氏には、お忙しい中コラムの執筆やとりまとめにご賛同いただいた。長期にわたるプロジェクトへのご協力に御礼申し上げたい。

稲田雅士、今西靖治、杉尾透、高橋礼一郎、千々和泰明、西田一平太各氏（あいうえお順、敬称略）には、研究会やインタビューに対応いただき、有益なコメント・ご指摘を頂戴した。本研究を実施中、青山学院大学、香川大学、JICA研究所、東洋学園大学には、研究会の開催場所を提供いただいた。このほか、ここにすべてのお名前を記載することができないが、各編著者が実施した出張先でのインタビューにご協力いただいた関係者にも併せて感謝申し上げる。

本書の草稿をより読みやすく、使いやすいようにと金山真也氏に目を通していただき、編著者らは多くのヒントを得た。そして、都度細やかなフォローアップをいただき、上梓への道筋を作っていただいた法律文化社の畑光氏にも、この場を借りて感謝の意を記したい。

なお、本書における誤り等はもっぱら編著者たちに帰すべきものである。読者諸賢のご指摘、コメントを賜れれば幸いである。

写真は、長期化するウガンダの南スーダン難民居住地で難民が建てたトゥクル（この地域の人々の伝統的な住まい）である。長い難民生活の中にあっても、自分たちのトゥクルに絵を描いたり、庭に花を植えたり、生活への潤いをもたせているトゥクルがある。もちろん、写真のトゥクルは中でも美しいもので、屋根がくずれ、支援物資のシートでカバーしているような住まいも中にはあ

る。南スーダン国境からそう遠くないウガンダ難民居住地には、帰還を望みながら庭を掃いて日常を整然と生きる彼らの姿がある。

　彼らの望みがかなう日が来るまで、国際平和活動の試練は続く。本書はその一端を示したに過ぎないだろう。読者の皆様とともにその試練を紐解き、解決の糸口は何かを問い続けたい。

写真：川口智恵（2018年5月撮影　ウガンダ）

2020年1月

編著者一同

索　引

編著者紹介

いのうえ み か
井上実佳　　　　　まえがき（共著）、第1章、第5章、第7章（共著）、おわりに（共著）

東洋学園大学グローバル・コミュニケーション学部　准教授

津田塾大学国際関係学研究科博士後期課程満期退学。修士（国際関係学）。米国コロンビア大学院（SIPA）、広島修道大学、広島平和研究所、外務省調査員などを経て現職。業績に『国際平和協力入門―国際社会への貢献と日本の課題』（分担執筆、ミネルヴァ書房、2018年）。『日本外交の論点』（分担執筆、法律文化社、2018年）など。

かわぐちちぐみ
川口智恵　　　　　まえがき（共著）、第2章、第6章、第7章（共著）、おわりに（共著）

東洋大学グローバル・イノベーション学研究センター　客員研究員

大阪大学大学院国際公共政策研究科博士後期課程修了。博士（国際公共政策）。内閣府研究員、防衛大学特別研究員、外務省調査員、JICA研究所研究員などを経て現職。業績に *Crisis Management beyond the Humanitarian and Development Nexus* (Routledge 2018)。『国際平和活動における包括的アプローチ―日本型協力システムの形成過程』（共編著、内外出版、2012年）など。

たなか　さかべ　ゆかこ
田中［坂部］有佳子　　まえがき（共著）、第4章、第7章（共著）、おわりに（共著）

青山学院大学国際政治経済学部　助教

早稲田大学大学院政治学研究科博士後期課程満期退学。博士（政治学）。在東ティモール大使館専門調査員、内閣府研究員、国連アフガニスタン支援ミッションオフィサーなどを経て現職。業績に『なぜ民主化が暴力を生むのか：紛争後の平和の条件』（勁草書房、2019年）。*Complex Emergencies and Humanitarian Response*（分担執筆、Union Press, 2018）など。

やまもとしんいち
山本慎一　　　　　まえがき（共著）、第3章、第7章（共著）、おわりに（共著）

香川大学法学部　准教授

大阪大学大学院国際公共政策研究科博士後期課程修了。博士（国際公共政策）。外務省調査員、広島大学研究員などを経て現職。業績に「平和安全法制と国際平和協力―国際的潮流と国内法制度の比較分析」『国際安全保障』第47巻第2号、2019年。『安全保障論―平和で公正な国際社会の構築に向けて』（分担執筆、信山社、2015年）など。

（肩書は2020年1月末時点）

コラム執筆者紹介

忍足謙朗 (おしだりけんろう)　国連日本WFP協会　理事（元WFPアジア地域局長）　　　コラム1

湯浅拓也 (ゆあさたくや)　流通経済大学スポーツ健康科学部　専任講師　　　コラム1

石川直己 (いしかわなおき)　国連南スーダン共和国ミッション（UNMISS）　計画官　　　コラム2

紀谷昌彦 (きやまさひこ)　在シドニー日本国総領事（元・在南スーダン日本国大使）　　　コラム3

久保田德仁 (くぼたのりひと)　防衛大学校国際関係学科　准教授　　　コラム4

村上友章 (むらかみともあき)　流通科学大学経済学部　准教授　　　コラム5

（肩書は2020年1月末時点）

Horitsu Bunka Sha

国際平和活動の理論と実践
──南スーダンにおける試練

2020年4月15日　初版第1刷発行

編著者　　井上実佳・川口智恵
　　　　　田中(坂部)有佳子・山本慎一
発行者　　田　靡　純　子
発行所　　㈱会社　法律文化社
　　　　　〒603-8053
　　　　　京都市北区上賀茂岩ヶ垣内町71
　　　　　電話 075(791)7131　FAX 075(721)8400
　　　　　https://www.hou-bun.com/

印刷：西濃印刷㈱／製本：㈱藤沢製本
装幀：仁井谷伴子
ISBN 978-4-589-04084-8

©2020　M. Inoue, C. Kawaguchi, Y. Tanaka(Sakabe),
S. Yamamoto Printed in Japan

佐藤史郎・川名晋史・上野友也・齊藤孝祐編

日 本 外 交 の 論 点

A 5 判・304頁・2400円

日米同盟や自衛隊など日本が直面している課題につき、硬直した右／左の対立構図を打ち破り、外交政策を問いなおす。「すべきである／すべきでない」の対立を正面から取り上げ、学術的な基盤に裏打ちされた議論を提供する。アクティブラーニングにも最適。

川名晋史・佐藤史郎編

安 全 保 障 の 位 相 角

A 5 判・222頁・4200円

日本の外交・安全保障をめぐる議論が左右に分極化し、硬直が続いている。二項対立の図式が鮮明な8つの争点を取りあげ、《位相角》という新たな分析概念を用いることで、現実主義／理想主義といった思考枠組みを脱却した政策的選択肢を導き出す。

中村都編著

新版 国際関係論へのファーストステップ

A 5 判・248頁・2500円

貧困・紛争・資源収奪・環境破壊など地球社会が抱える問題を、24のテーマごとに簡潔に解説した入門書の最新版。3・11と原発事故など国内外の重要な情勢変化をふまえて全面改訂、コラムを11本増補。

羽場久美子編

21世紀、大転換期の国際社会
—いま何が起こっているのか？—

A 5 判・184頁・2400円

英国のEU離脱、米国のトランプ政権誕生から、移民・難民、ポピュリズム、中国・北朝鮮関係、AIIB、日本経済、武器輸出、中東危機、アフリカにおけるテロまで、いま最も知りたい論点を第一線の研究者たちがわかりやすく説明。

佐道明広・古川浩司・小坂田裕子・
小山佳枝共編著

資料で読み解く国際関係

A 5 判・238頁・2900円

17世紀から現代に至るまでの激動の国際関係を読み解くための資料集。各章の冒頭に解題を付し関連事象の流れや意味を立体的に解説。特に歴史関係の資料を整理し、米朝首脳会議をはじめ最新の国際情勢も取りあげる。

——法律文化社——

表示価格は本体（税別）価格です